El origen de los autores incluidos en esta antología

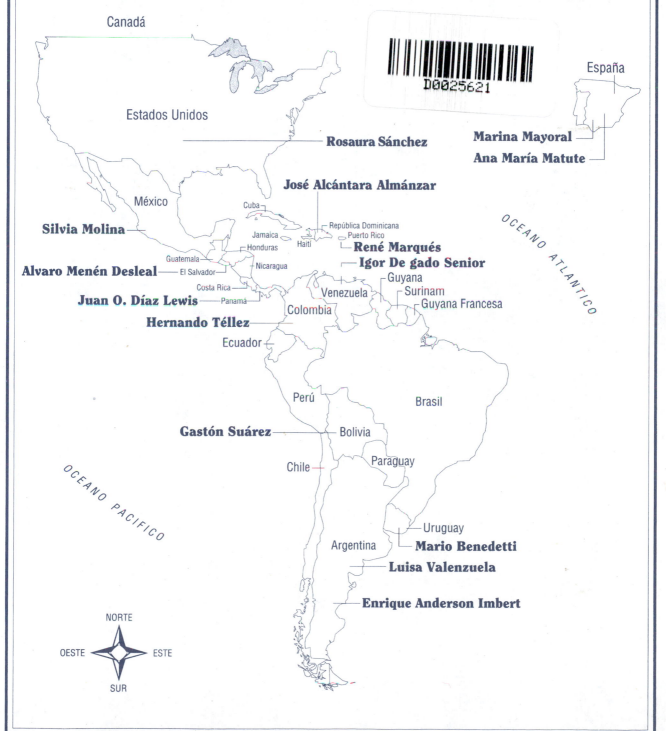

Canadá

Estados Unidos

España

Rosaura Sánchez

Marina Mayoral

Ana María Matute

José Alcántara Almánzar

México

Cuba

República Dominicana

Puerto Rico

Silvia Molina

Jamaica

Haití

René Marqués

Guatemala

Honduras

Igor De gado Senior

Alvaro Menén Desleal

El Salvador

Nicaragua

Guyana

Costa Rica

Venezuela

Surinam

Juan O. Díaz Lewis

Panamá

Colombia

Guyana Francesa

Hernando Téllez

Ecuador

OCEANO ATLANTICO

Perú

Brasil

Gastón Suárez

Bolivia

OCEANO PACIFICO

Chile

Paraguay

Uruguay

Argentina

Mario Benedetti

Luisa Valenzuela

Enrique Anderson Imbert

NORTE

OESTE

ESTE

SUR

D0025621

Sorpresas

THIRD EDITION

Sorpresas

THIRD EDITION

Elena Olazagasti-Segovia
Vanderbilt University

Harcourt College Publishers

Fort Worth   Philadelphia   San Diego   New York   Orlando   Austin   San Antonio
Toronto   Montreal   Sydney   Tokyo

Publisher	Phyllis Dobbins
Acquisitions Editor	Ken Kasee
Developmental Editor	Jeff Gilbreath
Marketing Strategist	Katrina Byrd
Project Manager	Angela Williams Urquhart

ISBN: 0-03-032656-7

Library of Congress Catalog Card Number: 2001087289

Copyright © 2002, 1997, 1993 by Harcourt, Inc.

All rights reserved. No part of this publication may be reproduced or transmitted in any form or by any means, electronic or mechanical, including photocopy, recording, or any information storage and retrieval system, without permission in writing from the publisher.

Requests for permission to make copies of any part of the work should be mailed to the following address: Permissions Department, Harcourt, Inc., 6277 Sea Harbor Drive, Orlando, Florida 32887–6777.

Copyrights and acknowledgments begin on page 224, which constitutes a continuation of the copyright page.

Address for Domestic Orders
Harcourt College Publishers, 6277 Sea Harbor Drive, Orlando, FL 32877-6777
800-782-4479

Address for International Orders
International Customer Service
Harcourt College Publishers, 6277 Sea Harbor Drive, Orlando, FL 32887-6777
407-345-3800
(fax) 407-345-4060
(e-mail) hbintl@harcourtbrace.com

Address for Editorial Correspondence
Harcourt College Publishers, 301 Commerce Street, Suite 3700, Fort Worth, TX 76102

Web Site Address
http://www.harcourtcollege.com

Printed in the United States of America

1 2 3 4 5 6 7 8 9 0   039   9 8 7 6 5 4 3 2 1

Harcourt College Publishers

PARA MIS PADRES,
por todos los cuentos
que me leyeron y los que se inventaron para mí.

PARA FERNANDO,
el mejor «cuentista» de todos.

Preface

Sorpresas is a Spanish literary reader designed to be used at the intermediate level. It consists of 14 short stories by contemporary authors from Argentina, Bolivia, Colombia, the Dominican Republic, El Salvador, Mexico, Panama, Puerto Rico, Spain, the United States, Uruguay, and Venezuela. This volume presents a well-balanced combination of established and widely known authors, as is the case of Enrique Anderson Imbert, Mario Benedetti, Ana María Matute, Marina Mayoral, and Luisa Valenzuela, and others not as well known but equally talented, such as José Alcántara Almánzar, Igor Delgado Senior, Silvia Molina, and Rosaura Sánchez. The stories have been arranged according to length and level of difficulty, proceeding from the shortest to the longest and from the most accessible to the most challenging.

As the title already suggests, all of the stories have a common denominator: a surprise, an unexpected turning point or ending, usually funny, witty, and ironic. This surely will be a question in the student's mind during the reading (What is the surprise?), and others will follow in the class discussion (Where is the surprise?; Why is it a surprise?; Who was involved in it?; Why?; Did you suspect it would be that way?; When?). This common trait is expected to catch the reader's attention, to encourage him or her to continue reading and to do it carefully, looking not only for major information but for details as well. Needless to say, students will get much more than just a surprise. All of the stories are of high caliber and offer students a chance to discuss a wide range of subjects and to be exposed to excellent examples of the genre.

New features of the third edition:

1. Two new stories have been added: "Presagios," by José Alcántara Almánzar, from the Dominican Republic; and "Cartas a Rosa," by Rosaura Sánchez, from the United States; thus providing two other examples of short stories written in Spanish by underrepresented authors.
2. Based on feedback from users, two stories have been moved so that they come later on in the book, when students have more experience.
3. New photographs have been chosen to better coordinate this advance organizer with the topic presented in the stories.
4. The section "Exprese su opinión" has been expanded to promote more class discussion of controversial topics.
5. A new section, "De dos en dos," placed at the end of each chapter, gives the readers a chance to approach the reading at an abstract and broader level by making connections among stories. Students are presented with topics that call for an interactive reading by comparing and contrasting themes and characters of two or more stories. This section can be assigned for oral or written discussion for a regular class as well as for a final composition.

6. The last section, "Algo más," reminds the readers about the gist of the story and directs them to sources for additional information.

7. There are two new appendices. Appendix C lists suggested keyword searches and Web site addresses related to each story where students can do their own research about the author's country of origin, the author him- or herself, and/or the topic discussed in the story. An icon will signal the place where the information is pertinent. A word of caution: Web site addresses are not permanent. Therefore, instructors are advised to make sure that the ones suggested are still available before they assign any homework based on them. In case the addresses listed are no longer available, keywords can facilitate the search. The ones provided are especially productive with <http://espanol.yahoo.com> and <http://google.yahoo.com>. Appendix D features a list of related videos that may be coordinated with each story to enhance its discussion. Time constraints are always a major concern, but instructors are reminded that these videos need not be shown in their entirety. These resources can be used in order to prepare oral or written presentations.

8. A new audio CD contains 9 of the 14 readings from the book. These are identified with a special icon in the table of contents and within the story itself. As was the case with the audiocassette, students have the chance to listen to different Spanish accents. These dramatized readings were made by professional actors and are certain to help with the understanding of the stories. Students should be advised to listen to the CD after they have read the story. The readings will also improve student's listening comprehension and pronunciation. This audio CD can be played in class, in the laboratory, or in preparation for exams. For example, a section from the story can be played in class, and students can then be asked to identify it with respect to the circumstances within the story.

Chapter structure

1. "Antes de leer" contains the following sections:

   a. *Vocabulario para la lectura:* Students are expected to be familiar with these words or expressions to understand the story. There are never more than 20 words or expressions. In all likelihood, most of the students are already acquainted with some of them. Some may be new, however, and as such, it is especially important that students be introduced to them before they start reading. There is an exercise based on all of the words or expressions on this list.

   b. *Sobre el autor/la autora:* Next is presented a short paragraph with bio-/bibliographical information (the author's country of origin, date of birth, and interests as well as main topics and characteristics of his or her books, specifically about the book from which the present story was chosen). It is written in Spanish and uses many cognates and basic words and structures. Some specific links related to the authors and the topics of the stories are provided.

   c. *Usted sabe más de lo que cree:* This brief introduction encourages students to make use of reading comprehension skills (i.e., word recognition—cognates, root words, word families; predicting content; and guessing or inferring meaning from context) as well as to call their attention to certain literary aspects that may be particularly important in a given story (i.e., point of view, time, repetition, and use of slang and loan words).

    d. *Preguntas de orientación:* These questions will help students understand the background and will help clarify allusions in the story and assist in guessing or inferring what the story will be about.

    e. *Preguntas de anticipación:* Students should bear in mind these questions while reading the story because they focus on the main facts.

2. The story is then presented with marginal glosses and cultural footnotes.

3. "Después de leer" includes the following sections:

    a. *¿Qué pasó?* includes questions about the content of the story to check comprehension.

    b. *¿Cuándo pasó?* contains facts or events from the story to be organized chronologically. This is particularly helpful in the case of stories where the use of flashback is frequent.

    c. *¿Cierto o falso?* verifies the understanding of the main facts by asking students whether the statements presented are true or false, in which case they need to explain why.

    d. *En otras palabras* exercises focus on vocabulary building (for example, a definition is given, and the student must then come up with the word defined or vice versa; synonyms and antonyms are presented in a matching-columns format; fill-in-the-blank exercises are included to practice vocabulary usage in context; and so on).

    e. *Parecidas pero diferentes* is a multiple-choice exercise designed to build vocabulary and to practice deceptive words (false cognates; words with similar spelling but unrelated meaning; English words with more than one meaning in Spanish or vice versa). Students can refer to Appendix A if they need to review the meaning(s) of the English words.

    f. *Exprese su opinión* questions are intended to relate the story to the student's experience, encouraging classroom discussion.

    g. *Temas para crear* consists of suggested topics to stimulate creativity and research and can be used for oral or written composition.

    h. *De dos en dos* is a new section designed to give readers the chance to compare or contrast stories that share common topics or features. This exercise can be used for oral or written composition.

    i. *Algo más* sums up the gist of the story and directs readers to the new appendices for additional information.

Appendices

A. "Parecidas pero diferentes": All the words that are included in this section of each story appear here. They are first listed in alphabetical order, and the student is directed to look under the word in English that is either its false cognate, a word with similar spelling but unrelated meaning, or a word with more than one meaning. In a second section, the English words are listed in alphabetical order and the Spanish words are defined in English. They are also used in model sentences, which are translated into English as well.

B. "Palabras indígenas de 'Tres hombres junto al río'": All the Indian words that appear in the last story are listed here in alphabetical order. Most of them are glossed in the story as well. Some have been omitted to encourage students to guess from the context. In a few cases, more information has been added. These words do not appear in the end-of-book vocabulary.

C. "Para navegar por la Red": Keyword searches and Web site addresses are suggested for each story. Students can research on their own and prepare oral or written presentations on the country, the author, and/or a topic related to the story.

D. "Vídeos recomendados": Several videos that can be coordinated with the stories are suggested here along with information about the country of origin, the year it was filmed, and a brief summary highlighting the relationship that it bears with the reading. Most of these videos are available through Facets Multimedia, Inc., or can be borrowed from the Instituto Cervantes, whose phone number and Web address are provided as well.

Vocabulario

The Spanish-English vocabulary includes contextual meanings of most of the words and idiomatic expressions used in the stories.

Acknowledgments

I wish to express my appreciation to Marisa Garman, developmental editor of the third edition, whose thorough questionnaires to reviewers elicited sharp suggestions and extremely valuable input. I gratefully acknowledge the following reviewers of the third edition for their insightful comments and thoughtful observations:

Pedro M. Escamilla, Stephen F. Austin State University
Carmen Ferrero-Pino, Moravian College (PA)
David Oberstar, Indiana University–Purdue University, Fort Wayne
Lynne E. Overesch-Maister, Johnson County Community College (KS)
Martha F. Ramos, Johnson County Community College (KS)
Sara Ulloa, Utah State University
María S. Vásquez, Davidson College (NC)

About the Author

Elena Olazagasti-Segovia earned her Ph.D. from the University of Puerto Rico (Río Piedras). She teaches Spanish language and literature at Vanderbilt University. Her main fields of research and publication are contemporary Spanish novels written by women, Puerto Rican women writers writing in the United States, and film studies.

Contents

Preface   ix

1. **El crimen perfecto**   1
Enrique Anderson Imbert (Argentina)

2. **La casa nueva**   11
Silvia Molina (México)

3. **Una carta de familia**   21
Alvaro Menén Desleal (El Salvador)

4. **Los mejor calzados**   31
Luisa Valenzuela (Argentina)

5. **Presagios**   39
José Alcántara Almánzar (República Dominicana)

6. **El Aventurero**   49
Igor Delgado Senior (Venezuela)

7. **Carta a un psiquiatra**   59
Juan O. Díaz Lewis (Panamá)

8. **El forastero y el candelabro de plata**   69
Gaston Suárez (Bolivia)

9. **Espuma y nada más**   81
Hernando Téllez (Colombia)

10. **Caminos**   93
Ana María Matute (España)

11. **Los pocillos**   107
Mario Benedetti (Uruguay)

12. **Ensayo de comedia**   121
Marina Mayoral (España)

13. **Cartas a Rosa**   135
Rosaura Sánchez (Estados Unidos)

14. **Tres hombres junto al río**   149
René Marqués (Puerto Rico)

APENDICE A: Parecidas pero diferentes   163
APENDICE B: Palabras indígenas de «Tres hombres junto al río»   187
APENDICE C: Para navegar por la Red   188
APENDICE D: Vídeos recomendados   190
VOCABULARIO   193

1

El crimen perfecto

Enrique Anderson Imbert
Argentina

ANTES DE LEER

Vocabulario para la lectura

Estudie las palabras y frases siguientes.

1. monjita (monja) *nun* En el convento ya no había monjitas.
2. enterrar (ie) *to bury* Las monjitas ya no enterraban a monjitas en su cementerio.
3. lápida *tombstone* Las lápidas del cementerio eran todas iguales.
4. encargarse de *to take care of* Las monjas se encargaban de mantenerlas limpias.
5. orilla *shore* El cementerio estaba a orillas del río.
6. ateo/a *atheist* El muerto había sido ateo.
7. al lado de *beside* El hombre ateo estaba al lado de las monjas muertas.
8. a nado *swimming* Las almas de las monjitas cruzaron el río a nado.
9. lancha *boat* Los viajeros iban por lancha.
10. bizco/a *cross-eyed* El nombre del pueblo era Fray Bizco.
11. dar parte *to give notice* Los viajeros dieron parte a las autoridades.
12. cavar *to dig* Los policías cavaron y sacaron el cadáver.
13. aliviado/a *relieved* Las almas de las monjitas regresaron aliviadas.
14. juez (el/la) *judge* El juez escucha la confesión del asesino.

Antes de cada uno de los cuentos seleccionados, usted siempre encontrará varias secciones que le servirán de preparación previa a la lectura. Considere cada sección con cuidado porque debe servirle para ayudarle a comprender el cuento, sugerirle las ideas principales y adelantarle la sorpresa que encierra.

¡Vamos a practicar!

Complete las oraciones con la forma adecuada de las palabras o frases de la lista de vocabulario.

1. La Inquisición juzgaba a las personas acusadas de _____ .

2. Si te sientas _____ la ventana, tendrás más luz para leer.

3. Los vecinos vieron a un individuo sospechoso y _____ a la policía inmediatamente.

4. Margarita estudió en un colegio católico donde las maestras eran _____ .

5. Las aspirinas no me han _____ el dolor de cabeza todavía.

6. Estoy cansada porque ayer tuvimos una fiesta y yo _____ todos los preparativos.

7. Una persona _____ tiene un defecto en los ojos.

8. Llegamos en _____ hasta el medio del lago y volvimos _____ a la _____ .

9. El _____ le leyó su sentencia al acusado.

10. Algunos animales _____ comida para tener qué comer durante el invierno.

11. En la _____ podemos leer el nombre de la persona que murió y las fechas de su nacimiento y su muerte.

12. Los piratas _____ en el lugar indicado según el mapa y encontraron el tesoro.

Sobre el autor

Enrique Anderson Imbert nació en Córdoba, Argentina, en 1910. Es escritor, crítico literario, historiador de la literatura hispanoamericana y profesor. Sus cuentos, muy populares en las antologías del género, casi siempre son breves y contienen elementos fantásticos. Fuerzas sobrenaturales intervienen en ellos de manera inexplicable, pero no resultan del todo absurdos. En El gato de Cheshire *(1965), de donde ha sido tomado el cuento de nuestra antología, frecuentemente Anderson Imbert nos da su interpretación personal de un personaje —histórico, literario o mitológico— de algún episodio bíblico o, como en el cuento seleccionado, de una frase popular.*

Usted sabe más de lo que cree

Uno de los aspectos básicos cuando una persona lee cualquier texto, ya sea escrito en su propia lengua o en una lengua extranjera, es reconocer las palabras que ya sabe. Observe las palabras siguientes que encontrará en el cuento que leerá a continuación: crimen, perfecto, plan, ejecución, cementerio, convento, cipreses, error, víctima, sepulcro, dirección, autoridades, inspeccionar, investigación. Probablemente notará que se parecen mucho a palabras que usted sabe en inglés: algunas son completamente idénticas, sin ningún tipo de modificación en su ortografía, y otras tienen cambios mínimos que no impiden su reconocimiento. A veces son un poco más difíciles de reconocer, como en el caso de desierto (deserted, empty), cadáver (cadaver, corpse) y enterrar (to inter, bury), tal vez porque el equivalente en inglés es menos popular en la lengua común. A todas estas palabras se les llama cognados. Según vaya leyendo, subraye todos los cognados que reconozca. Al leer en una lengua extranjera, debe beneficiarse del conocimiento de estas palabras. ¡Así puede leer más fácil y rápidamente!

Preguntas de orientación

Las preguntas siguientes le ayudarán a comprender mejor el cuento.

1. ¿Por qué se dice que «No hay crimen perfecto»?

2. ¿Qué es ser ateo?

3. ¿Qué normas tiene la Iglesia católica en cuanto a enterrar a una persona en un cementerio católico?

Preguntas de anticipación

Piense en las preguntas siguientes mientras lee el cuento.

1. ¿Quién narra el cuento?

2. ¿Quién escucha la narración?

3. ¿Qué error cometió el narrador?

carry it out

El crimen perfecto

—Creí haber cometido el crimen perfecto. Perfecto el plan, perfecta su ejecución. Y para que nunca se encontrara el cadáver lo escondí donde a nadie se le ocurriría buscarlo: en un cementerio. Yo sabía que el convento de Santa Eulalia estaba desierto desde hacía años
5   y que ya no había monjitas que enterrasen a monjitas en su cementerio. Cementerio blanco, bonito, hasta alegre con sus cipreses y paraísos a orillas del río. Las lápidas, todas iguales y ordenadas como canteros de jardín alrededor de una hermosa imagen de Jesucristo, lucían como si las mismas muertas se encargasen de mantenerlas
10 limpias. Mi error: olvidé que mi víctima había sido un furibundo ateo. Horrorizadas por el compañero de sepulcro que les acosté al lado, esa noche las muertas decidieron mudarse: cruzaron a nado el río llevándose consigo las lápidas y arreglaron el cementerio en la otra orilla, con Jesucristo y todo. Al día siguiente los viajeros que iban por lancha
15 al pueblo de Fray Bizco vieron a su derecha el cementerio que siempre habían visto a su izquierda. Por un instante se les confundieron las manos y creyeron que estaban navegando en dirección contraria,° **opposite** como si volvieran de Fray Bizco, pero en seguida advirtieron que se trataba de una mudanza y dieron parte a las autoridades. Unos policías
20 fueron a inspeccionar el sitio que antes ocupaba el cementerio y, cavando donde la tierra parecía recién removida, sacaron el cadáver (por eso, a la noche, las almas en pena° de las monjitas volvieron muy **las. . .** poor souls aliviadas, con el cementerio a cuestas°) y de investigación en investi- **a. . .** on their backs gación. . . ¡bueno!. . . el resto ya lo sabe usted, señor Juez.

DESPUES DE LEER

¿Qué pasó?

Conteste las preguntas siguientes.

1. ¿Dónde escondió el narrador el cadáver? ¿Por qué?

2. ¿Cómo era el cementerio de Santa Eulalia? ¿Dónde estaba?

3. ¿Qué hicieron las monjitas muertas esa noche? ¿Por qué?

4. ¿Qué sucedió al día siguiente?

5. ¿Qué hicieron los viajeros?

6. ¿Qué hicieron los policías?

7. ¿Qué pudieron hacer entonces las almas de las monjitas muertas?

En otras palabras

A. Definiciones   ¿Cuál es la palabra para cada una de estas definiciones?

1. una acción mala, como un asesinato

2. el cuerpo de una persona muerta

3. el lugar donde están las personas muertas

4. el lugar donde viven las monjas

5. el árbol que vemos frecuentemente en los cementerios

6. la piedra que tiene información sobre la persona muerta

7. la representación de una persona

8. una acción equivocada

9. una persona que no cree en Dios

10. los extremos o lados de un río

11. un tipo de bote

12. remover la tierra

B. ¿Recuerda el sinónimo?   Escoja el número correspondiente.

1. desierto   ___ bonito

2. lancha   ___ tumba

3. alegre   ___ regresar

4. hermoso   ___ vacío *empty*

5. sitio   ___ bote

6. sepulcro   ___ ocultar

7. esconder   ___ feliz

8. volver   ___ lugar

C. ¿Recuerda el antónimo?   Escoja el número correspondiente.

1. encontrar   ___ sucias

2. nunca   ___ después

3. antes   ___ perder

4. sacar   ___ levantar

5. iguales   ___ meter

6. limpias   ___ diferentes

7. olvidar   ___ siempre

8. acostar   ___ recordar

D. ¿Qué palabra falta?   Complete las oraciones con la palabra adecuada de la lista siguiente, haciendo los cambios que sean necesarios.

almas	convento	investigación	orilla
asesino	crimen	izquierda	policía
ateo	derecha	lancha	pueblo
cadáver	encontrar	lápidas	regresar
cavar	enterrar	monjas	río
cementerio	imagen	mudarse	viajeros *-travelers*

Despúes de que el _____ mató a la víctima, fue al _____ del

_____ y_____ el _____ . El sabía que las _____ ya no

lo usaban. Estaba muy contento porque creía que su _____ era perfecto. Cuando

las _____de las monjitas supieron que el muerto era un _____ , deci-

dieron de allí. Cruzaron el _____ y llevaron las _____ y la _____

de Jesucristo que había en el cementerio, y se instalaron en la otra _____ .

Al otro día, cuando los _____ iban al _____ por _____

vieron que el cementerio no estaba a la _____ como siempre, sino a la

_____ . Sospecharon que algo extraño sucedía y llamaron a la _____ .

Unos policías llegaron al sitio donde estaba antes el cementerio y observaron que en un

lugar la tierra estaba recién removida. Comenzaron a _____ allí y encontraron el

cadáver. Por la noche, las monjitas pudieron _____ al cementerio abandonado. La

policía hizo una _____ y por fin pudo _____ al asesino.

Parecidas pero diferentes

Algunas veces la apariencia de las palabras es muy similar, pero el contenido o significado es diferente. Podemos reconocerlas, pero no tienen el sentido que esperábamos. Al final del libro encontrará una lista de las palabras que se confunden más frecuentemente, y esta última sección de
ejercicios le servirá para practicarlas.

Subraye las palabras entre paréntesis para completar la oración correctamente. Puede consultar
el Apéndice A, «Parecidas pero diferentes», en la página 163, si necesita revisar el significado de las
palabras.

1. Este cuento (se trata/trata) de una confesión de un criminal que (tomó/llevó) el
   cuerpo del muerto a un cementerio de monjas.

2. El (sabía/conocía) el lugar y (sabía/conocía) que estaba desierto (desde/ya que) hacía
   años.

3. Las monjitas (mantenían/sostenían/apoyaban) el lugar muy limpio.

4. Cuando las almas de las monjitas muertas (supieron/conocieron) que el muerto había
   sido ateo, no pudieron (apoyar/soportar/sostener) esa ofensa y decidieron
   (mudarse/moverse).

5. Los viajeros de Fray Bizco vieron que el cementerio estaba (a la derecha/derecho) y, después de mucha confusión, entendieron que (se trataba/trataba) de una mudanza.

6. Informaron a unos policías que fueron a (buscar/mirar) una explicación al cementerio.

7. En un lugar donde la tierra (miraba/aparecía/parecía) recién removida (apareció/pareció/se pareció a) un cadáver.

8. (Como/Desde/Porque) la policía sacó el cadáver del cementerio, las almas de las monjitas pudieron (volver/devolver).

Exprese su opinión

Conteste las preguntas siguientes.

1. ¿Qué tipo de persona cree usted que es el asesino? Descríbalo y explique por qué cree eso de él.

2. ¿Qué relación hay entre el nombre del pueblo y el problema del cuento?

3. ¿Por qué el asunto del cuento, a pesar de ser macabro, resulta humorístico?

4. ¿Sabe de algún caso criminal que se haya resuelto por accidente? ¿Cuál?

5. ¿Qué opina usted sobre la participación de los viajeros en el descubrimiento del crimen? ¿Por qué cuando las personas tienen información sobre un crimen, no siempre le dan parte a la policía? ¿Cómo trata de resolver este problema la policía?

6. ¿Qué opina usted sobre la pena de muerte para personas como el narrador de este cuento? ¿Está usted a favor de este tipo de castigo? Explique su respuesta.

Temas para crear

1. Invente un monólogo del criminal antes de cometer el crimen «perfecto».

2. Invente un diálogo entre varias monjitas muertas cuando se enteraron de que el muerto recién enterrado en el cementerio era ateo, y otro entre los viajeros y los policías.

De dos en dos

Este cuento se puede comparar con «Presagios». Piense, por ejemplo, en el narrador. ¿Qué tienen en común y qué los diferencia? ¿Qué hace el narrador de «El crimen perfecto» y qué desea hacer el narrador de «Presagios»? También, al final del cuento, cada narrador tiene una sorpresa. ¿Qué opina usted sobre ellos? ¿Por qué?

Algo más

El narrador de este cuento tiene problemas con la justicia por haber matado a un hombre. En el Apéndice C se dan instrucciones para encontrar información en la Red y en el Apéndice D se sugiere un vídeo relacionado con el tema.

2

La casa nueva

Silvia Molina
México

ANTES DE LEER

Vocabulario para la lectura

Estudie las palabras y frases siguientes.

1. **tela** *fabric* Todavía no he comprado la tela para mi vestido.
2. **olor (el)** *smell* La casa tenía olor a nuevo, a fresco.
3. **recámara** *bedroom (México)* Esta va a ser tu recámara.
4. **apresurarse** *to hurry up* Apenas abrí una puerta, él se apresuró.
5. **guardar** *to keep, to put away* «Para que guardes la ropa.»
6. **colgar (ue)** *to hang* Allí podría colgar mis tres vestidos.
7. **dar(le) ganas (a una persona) de (+ infinitivo)** *to feel like (doing something)* Me dieron ganas de saltar en la cama.
8. **tina** *bathtub* En el baño había una tina inmensa.
9. **bigote (el)** *mustache* Se enrollaba el bigote como cuando estaba nervioso.
10. **planchar** *to iron* Anduvimos por el cuarto de lavar y planchar.
11. **encerrar (ie)** *to lock up* Encerré a mi papá para que hiciera sus dibujos.
12. **dibujo** *drawing* Encerré a mi papá para que hiciera sus dibujos.
13. **mugre (la)** *filth, grime* Mi mamá no se volverá a quejar de la mugre en que vivimos.

¡Vamos a practicar!

Complete las oraciones con la forma adecuada de las palabras o frases de la lista de vocabulario.

1. Cuando hace frío, a los niños no _se apresura_ levantarse temprano.

2. De todas las tareas domésticas, la que menos me gusta es _plancha_.

3. Si quieres llegar a tiempo, debes _se os apresuras_

4. Después de jugar, Esteban siempre _guadaba_ sus juguetes con mucho cuidado.

5. Antes de hacer la pintura, voy a hacer un _dibujo_ .

6. Los García necesitan una casa con tres _recámaras_

7. La policía tuvo que romper la puerta del cuarto porque el ladrón _encierró_ a la señora Medina y se llevó la llave.

8. La madre no le permite al niño jugar en la _tina_ mientras lo baña.

9. Esas flores tienen un _huelen_ muy penetrante.

10. Me gusta mucho esa _tela_ porque tiene mis colores favoritos.

11. ¿Ya decidiste dónde vas a _cuelgas_ el cuadro que te regalaron?

12. ¡Necesitaré tres horas para limpiar toda esta _mugre_ !

13. No reconocí a Pedro porque ahora tiene _bigote_ .

Sobre la autora

Silvia Molina nació en México, en 1946. Estudió antropología en el Instituto Nacional de Antropología e Historia en México. Estos estudios son evidentes en su segunda novela, Ascensión Tun *(1981), basada en personajes y hechos históricos ocurridos en México en el siglo XIX. Su primera novela,* La mañana debe seguir gris *(1977), donde se combinan la autobiografía y la ficción, había ganado el Premio Villaurrutia. El cuento seleccionado pertenece al libro de cuentos* Lides de estaño *(1984). El personaje principal casi siempre es una mujer, quien evoca momentos de su infancia, su adolescencia o su juventud, con su familia, sus amigos y en la escuela. La brevedad de los cuentos acentúa la intensidad de las experiencias recordadas, pocas veces agradables. La vida casi siempre es cruel, sobre todo para los niños porque no comprenden lo que sucede, ni los adultos los comprenden a ellos. La desilusión, la sospecha y la soledad tienen ahí su origen.*

Usted sabe más de lo que cree

A menudo, en una lectura nueva, usted encuentra palabras que no sabe, pero cuando las mira con atención, le recuerdan otras que ha aprendido porque están relacionadas con ellas. Observe las siguientes palabras que aparecen en el próximo cuento: soñador, anaranjadas, limpieza, vestidor, comedor, ventanal. *Tal vez usted no sabe su significado, pero probablemente puede reconocer en ellas palabras que ha estudiado antes:* soñar/sueño, naranja, limpio, vestir/vestido, comer, ventana. *Búsquelas en la oración a la que pertenecen y trate de descubrir su significado. ¡Como éstas hay muchas más!*

Preguntas de orientación

Las preguntas siguientes le ayudarán a comprender mejor el cuento.

1. ¿Qué tipo de juego es la lotería? *Un juego de suerte.*

2. ¿Cómo es una persona a quien llamamos «soñadora»?

3. ¿Qué cosas ocurridas en su niñez recuerda usted hoy? ¿Por qué?

Preguntas de anticipación

Piense en las preguntas siguientes mientras lee el cuento.

1. ¿Dónde vivía la narradora cuando era pequeña?

2. ¿Qué recuerda ella de «la casa nueva»?

3. ¿Por qué dice la narradora que no cree en la suerte?

La casa nueva

A Elena Poniatowska

Claro que no creo en la suerte, mamá. Ya está usted como mi papá. No me diga que fue un soñador; era un enfermo —con el perdón de usted. ¿Qué otra cosa? Para mí, la fortuna está ahí o, de plano° no está. Nada de que nos vamos a sacar° la lotería. ¿Cuál lotería? No,
5 mamá. La vida no es ninguna ilusión; es la vida, y se acabó.° Está bueno para los niños que creen en todo: «Te voy a traer la camita», y de tanto esperar, pues se van olvidando. Aunque le diré. A veces, pasa el tiempo y uno se niega a olvidar ciertas promesas; como aquella tarde en que mi papá me llevó a ver la casa nueva de la colonia° Anzures.
10 El trayecto en el camión,° desde la San Rafael, me pareció diferente, mamá. Como si fuera otro. . . Me iba fijando en los árboles —se llaman fresnos, insistía él—, en los camellones° repletos° de flores anaranjadas y amarillas —son girasoles y margaritas— decía.

Miles de veces habíamos recorrido° Melchor Ocampo, pero
15 nunca hasta Gutemberg. La amplitud y la limpieza de las calles me gustaban cada vez más. No quería recordar la San Rafael, tan triste y tan vieja: «No está sucia, son los años» —repelaba° usted siempre, mamá. ¿Se acuerda? Tampoco quería pensar en nuestra privada° sin intimidad° y sin agua.
20 Mi papá se detuvo antes de entrar y me preguntó:

—¿Qué te parece? Un sueño, ¿verdad?

Tenía la reja° blanca, recién pintada. A través de ella vi por primera vez la casa nueva. . . La cuidaba un hombre uniformado. Se me hizo tan. . . igual que cuando usted compra una tela: olor a nuevo,
25 a fresco, a ganas de sentirla.

Abrí bien los ojos, mamá. El me llevaba de aquí para allá de la mano. Cuando subimos me dijo: «Esta va a ser tu recámara». Había inflado el pecho y hasta parecía que se le cortaba la voz° de la emoción. Para mí solita,° pensé. Ya no tendría que dormir con mis hermanos.
30 Apenas abrí una puerta, él se apresuró: «Para que guardes la ropa». Y la verdad, la puse allí, muy acomodadita° en las tablas,° y mis tres vestidos colgados,° y mis tesoros en aquellos cajones.° Me dieron ganas de saltar° en la cama del gusto, pero él me detuvo y abrió la otra puerta: «Mira, murmuró, un baño». Y yo me tendí° con el pensamiento en
35 aquella tina inmensa, suelto° mi cuerpo para que el agua lo arrullara.°

---

de. . . absolutely
to win
se. . . that's all

neighborhood
bus (México)

big flowerpots / full

habíamos. . . we had gone through

replied
dead-end street (México)
privacy

railing

parecía. . . it seemed that his voice broke
Para. . . Just for me

very neatly / shelves
hanging / drawers
jumping
me. . . I stretched up
relaxed / would lull to sleep

Luego me enseñó su recámara, su baño, su vestidor. Se enrollaba el bigote como cuando estaba ansioso. Y yo, mamá, la sospeché enlazada° a él en esa camota —no se parecía en nada a la suya—, en la que harían sus cosas sin que sus hijos escucháramos. Después, salió usted recién bañada, olorosa a durazno, a manzana, a limpio. Contenta, mamá, muy contenta de haberlo abrazado a solas, sin la perturbación ni los lloridos de mis hermanos.

Pasamos por el cuarto de las niñas, rosa como sus mejillas y las camitas gemelas°; y luego, mamá, por el cuarto de los niños que «ya verás, acá van a poner los cochecitos y los soldados». Anduvimos por la sala, porque tenía sala; y por el comedor y por la cocina y por el cuarto de lavar y planchar. Me subió hasta la azotea° y me bajó de prisa porque «tienes que ver el cuarto para mi restirador°». Y lo encerré ahí para que hiciera sus dibujos sin gritos ni peleas,° sin niños cállense que su papá está trabajando, que se quema las pestañas° de dibujante para darnos de comer.

No quería irme de allí nunca, mamá. Aun encerrada viviría feliz. Esperaría a que llegaran ustedes, miraría las paredes lisitas, me sentaría en los pisos de mosaico, en las alfombras, en la sala acojinada°; me bañaría en cada uno de los baños; subiría y bajaría cientos, miles de veces, la escalera de piedra y la de caracol; hornearía° muchos panes para saborearlos° despacito en el comedor. Allí esperaría la llegada de usted, mamá, la de Anita, de Rebe, de Gonza, del bebé, y mientras también escribiría una composición para la escuela: *La casa nueva.*

En esta casa, mi familia va a ser feliz. Mi mamá no se volverá a quejar de la mugre en que vivimos. Mi papá no irá a la cantina; llegará temprano a dibujar. Yo voy a tener mi cuartito, mío, para mí solita; y mis hermanos. . .

No sé qué me dio por soltarme° de su mano, mamá. Corrí escaleras arriba, a mi recámara, a verla otra vez, a mirar bien los muebles y su gran ventanal; y toqué la cama para estar segura de que no era una de tantas promesas de mi papá, que allí estaba todo tan real como yo misma, cuando el hombre uniformado me ordenó:

—Bájate, vamos a cerrar.

Casi ruedo° las escaleras, el corazón se me salía por la boca:

—¿Cómo que van a cerrar, papá? ¿No es mi recámara?

Ni° con el tiempo he podido olvidar: que iba a ser nuestra cuando se hiciera la rifa.°

tied

twin

roof
drawing board
arguments
se. . . he works hard, burns the midnight oil

with lots of cushions

I would bake
to savor them

what made me let go

Casi. . . I almost tumbled down

Not even
raffle

DESPUES DE LEER

¿Qué pasó?

Conteste las preguntas siguientes.

1. ¿Quiénes componían la familia de la narradora?

2. ¿Cuál era el trabajo del padre de la narradora?

3. ¿Qué diferencias observaba la narradora mientras iba desde la calle donde estaba su casa hasta la calle donde estaba la casa nueva?

4. ¿Qué cosas de la casa nueva impresionaron a la narradora? ¿Por qué?

5. ¿Pudo ir a vivir allí su familia? ¿Por qué?

¿Cierto o falso?

Diga si las oraciones siguientes son ciertas o falsas. En caso de que sean falsas, explique por qué.

1. La madre de la narradora dice que su esposo era un soñador. *— dreamer*

2. La narradora tenía dos hermanas y dos hermanos.

3. El padre fue a la casa nueva con todos los hijos.

4. Viajaron en autobús.

5. La casa nueva tenía cinco cuartos.

6. En la casa nueva, todas las hermanas dormirían juntas.

7. La narradora sospecha que la casa nueva es otra de las promesas de su padre.

8. El padre de la narradora le dice que deben salir de la casa nueva porque es tarde.

En otras palabras

A. Definiciones   Defina las palabras siguientes con una frase.

1. promesa

2. colonia

3. reja

4. cantina

5. lotería

6. bigote

B. ¿Recuerda el sinónimo?   Escoja el número correspondiente.

1. rifa   _6_ suciedad
2. recámara   _3_ autobús
3. camión   _7._ suerte
4. repleto   _1._ lotería
5. tina   _2_ cuarto
6. mugre   _5_ bañera
7. fortuna   _4_ lleno

C. ¿Qué palabra falta?   Complete las oraciones con la palabra adecuada de la lista siguiente, haciendo los cambios que sean necesarios.

dibujos	mugre	rejas
encerrar	promesas	rifa
guardar	quejarse	suerte
muebles	recámara	tina

La narradora recuerda que la casa nueva tenía _____ blancas y que era perfecta para su familia. Era una casa grande y tenía _____ bonitos. Allí no tendría que dormir con sus hermanos porque tendría su _____ , un lugar donde _____ la ropa y una _____ donde se bañaría. Su padre también tendría un cuarto donde se _____ para hacer sus _____ . Su madre no _____ más de la _____ . La narradora recibió una sorpresa desagradable cuando supo que la casa todavía no era de su familia. Primero debían tener _____ y ganársela en una _____ . Después de esta experiencia, la narradora no cree en las _____ .

Parecidas pero diferentes

Subraye las palabras entre paréntesis para completar la oración correctamente. Puede consultar el Apéndice A, «Parecidas pero diferentes», en la página 163, si necesita revisar el significado de las palabras.

1. La narradora recuerda (el tiempo/la vez) que su padre la (tomó/llevó) a ver una casa nueva que (quedaba/se quedaba) en un barrio elegante que ella no (sabía/conocía).

2. Su familia vivía en una calle (anciana/antigua).

3. Su padre tenía (un puesto/una posición) como dibujante y (tenía que/tenía) trabajar mucho para (mantener/soportar) a su familia.

4. La casa nueva (miraba/parecía) un sueño (pero/sino) era (real/verdadera).

5. La narradora (se puso/se hizo) muy contenta porque allí podría estar (sola/solitaria) en su cuarto.

6. (Desde que/Porque/Como) tenía muchos hermanos, la casa nueva era ideal.

7. La niña creía que su familia iba a (moverse/mudarse) allí inmediatamente.

8. Ella deseaba (quedar/quedarse) allí para siempre.

9. Cuando el hombre que cuidaba la casa le (pidió/preguntó) que (saliera/dejara), la niña (realizó/se dio cuenta de) que había algo (extraño/extranjero).

10. Ella no (sabía/conocía) que la casa no era de su papá todavía.

11. Cuando ella le (pidió/preguntó), él le dijo que tenían que ganársela en una rifa.

12. (Este recuerdo/Esta memoria) de su niñez tiene consecuencias en su vida de adulta.

Exprese su opinión

Conteste las preguntas siguientes.

1. ¿Alguna vez ha participado usted en algún juego como una lotería o una rifa? ¿Por qué?

2. ¿Qué opinión tiene la narradora sobre su padre? ¿Qué opina usted sobre esto? ¿Qué opina usted sobre las personas que prometen cosas que saben que no podrán cumplir?

3. ¿Por qué cree la narradora que los adultos les prometen cosas a los niños? ¿Qué opina usted sobre esto? ¿Cómo era usted cuando era niño/a?

4. ¿Alguna vez alguien le prometió algo pero no lo cumplió? ¿Qué le había prometido? ¿Sabe usted por qué no se lo cumplió? ¿Cómo se sintió usted cuando esto pasó?

5. ¿Se debe prohibir el juego para proteger a personas como la familia de la narradora? ¿Debe el gobierno intervenir para controlar los vicios o debilidades de sus ciudadanos? Explique su respuesta.

Temas para crear

1. Describa con detalles la casa donde usted pasó su niñez.

2. Describa su casa ideal.

De dos en dos

En este cuento se presenta la relación entre una niña y sus padres. En el cuento «Caminos» se presenta la relación entre un niño y sus padres adoptivos. ¿Cómo son los padres en estos cuentos? ¿Cómo es la vida de estos niños? ¿Cómo es la relación entre los padres y los hijos? ¿Qué consecuencias tiene esto en la vida de esos niños? ¿Por qué?

Algo más

Aunque han pasado muchos años, la narradora de este cuento tiene malos recuerdos de su infancia por culpa de su padre. En el Apéndice C se dan instrucciones para encontrar información en la Red y en el Apéndice D se sugiere un vídeo relacionado con el tema.

3

Una carta de familia

Alvaro Menén Desleal
El Salvador

ANTES DE LEER

Vocabulario para la lectura

Estudie las palabras y frases siguientes.

1. **hacerse** *to become*   Las dos palabras se le hicieron piedra en la garganta.
2. **garganta** *throat*   Las dos palabras se le hicieron piedra en la garganta.
3. **suplicar** *to beg, to implore*   Te escribo otra vez para suplicarte que vuelvas al país.
4. **tranquilo/a** *quiet*   Todo el mundo está tranquilo en su trabajo.
5. **apoyo** *support*   El gobierno tiene el apoyo del pueblo.
6. **huelga** *strike*   Ya no hay huelgas, ni guerrilla.
7. **a propósito** *by the way*   A propósito, se ha sabido que no es cierto que la policía hubiera matado a Raúl.
8. **atento/a** *courteous*   Hace poco lo vi y fue muy atento conmigo.
9. **dueño** *owner*   Me dijo que cuando yo quisiera él iba a hablar con el dueño del taller para que te den otra vez el trabajo.
10. **taller (el)** *shop*   Me dijo que cuando yo quisiera él iba a hablar con el dueño del taller para que te den otra vez el trabajo.
11. **reposo** *rest*   El doctor dice que lo del pulmón necesita reposo.
12. **echar** *to throw*   Ya casi no echa sangre, sólo cuando tose fuerte.
13. **toser** *to cough*   Ya casi no echa sangre, sólo cuando tose fuerte.
14. **quitar** *to take away*   A mi papá le quitaron el trabajo.
15. **cuidarse** *to take care of oneself*   Cuidate mucho.

¡Vamos a practicar!

Complete las oraciones con la forma adecuada de las palabras o frases de la lista de vocabulario.

1. Creo que Aníbal tiene catarro porque le duele la _____ y _____ mucho por la noche.

2. El sindicato decidió no hacer la _____ porque no tiene el _____ de todos los obreros.

3. Después de la operación, tienes que _____ mucho: necesitas mucho _____ y estar muy _____ .

4. Ya nosotros no _____ tantas cosas a la basura porque lo reciclamos casi todo.

5. El hielo _____ agua si no está en el congelador.

6. El _____ de la casa de la esquina es muy _____ : siempre nos saluda cuando nos ve.

7. Ricardo empezó a llorar cuando vio que Manolo le iba a _____ el juguete.

8. La semana que viene llevaré el coche al _____ para cambiarle el aceite.

9. _____ , ¿me recomiendas el lugar adonde llevas el tuyo?

10. Cuando me levanto por las mañanas, mi perro me _____ que lo lleve a pasear.

Sobre el autor

Alvaro Menén Desleal, seudónimo de Alvaro Menéndez Leal, nació en El Salvador, en 1931. Ha escrito poemas, ensayos, novelas, obras de teatro y cuentos, y ha ganado varios premios literarios. El cuento que usted leerá a continuación pertenece a su libro Revolución en el país que edificó un castillo de hadas y otros cuentos maravillosos (1971), *donde reúne relatos que reflejan dos polos importantes de su narrativa: el abuso de la autoridad y la ingeniosa autodefensa de los débiles, y en el otro extremo, asuntos de ciencia ficción, fantásticos, bordeando en el absurdo.*

Usted sabe más de lo que cree

Una estrategia importantísima que se usa cuando se lee es la de adivinar (guessing) o deducir el significado de las palabras que no se conocen, usando el contexto. Cuando usted lee por primera vez un texto, aun en su propia lengua, no siempre sabe el significado de todas las palabras que contiene. Sin embargo, muy pocas veces usa el diccionario para buscarlo: prefiere deducirlo del contexto. Esto es especialmente importante cuando lee algo escrito en una lengua extranjera. En el cuento que usted leerá a continuación, hay palabras que no son indispensables para la comprensión de la oración. Observe la frase siguiente: «Parece que Raúl, borracho, los ametralló y luego se suicidó». En la oración anterior a ésta se dice que «no es cierto que la policía hubiera matado a Raúl y a los otros de tu célula». Por lo tanto, el verbo ametralló debe referirse a la forma de matar usada por Raúl. Saber que quiere decir to machine-gun no da ninguna ayuda esencial, sino que serviría para dar información adicional, para su curiosidad. Otro ejemplo es la palabra tachón: «la otra vez los agentes te hicieron lo que te hicieron sin que él xxxxx perdoná el tachón, supiera nada». Después de que la persona escribe xxxxx, pide perdón. No es una palabra, sino una serie de líneas cruzadas. ¿Qué hacemos cuando escribimos algo y nos equivocamos? Eso es precisamente lo que le pasó a Carlota: tachón quiere decir line used for crossing out. Palabras así solamente aparecen en el glosario que se encuentra al final del libro. Trate de depender del diccionario lo menos posible y de usar al máximo toda la información que encuentre en el cuento mismo. ¡Es más rápido y estimulante!

Preguntas de orientación

Las preguntas siguientes le ayudarán a comprender mejor el cuento.

1. ¿Qué tipo de información se escribe en una carta de familia?

2. ¿Qué es una guerrilla?

3. ¿En qué consiste la censura?

Preguntas de anticipación

Piense en las preguntas siguientes mientras lee el cuento.

1. ¿Quién es Víctor?

2. ¿Por qué le escribe la mujer la carta?

3. ¿Quién es la persona que le quita la carta al final?

Una carta de familia

«Querido Víctor:»

La mujer esperó. Las dos palabras se le hicieron piedra en la garganta. Una sola piedra.

5
«Te escribo otra vez para suplicarte que vuelvas al país. La situación es normal, todo el mundo está tranquilo en su trabajo, y el gobierno tiene el apoyo del pueblo».

Esperó. Volvió a escribir.

«Ya no hay huelgas, ni guerrilla. A propósito, se ha sabido que no es cierto que la policía hubiera matado a Raúl y a los otros de tu
10
célula.° Parece que Raúl, borracho, los ametralló y luego se suicidó. Tenía problemas con su mujer, vos sabés.* Todo eso se supo en el juzgado».°

underground cell

court, tribunal

*En algunos países de Hispanoamérica existe el pronombre *vos* que se usa en lugar de *tú* cuando hay mucha confianza. Con este pronombre, las terminaciones personales cambian un poco en el presente de indicativo y de subjuntivo porque reciben la fuerza de la pronunciación: cantas → *cantás*; vendes → *vendés*; escribes → *escribís*; cantes → *cantés*; vendas → *vendás*; escribas → *escribás*. Esto también sucede en los mandatos negativos: no cantes → *no cantés*; no vendas → *no vendás*; no escribas → *no escribás*. En los afirmativos, se elimina la *-r* del infinitivo: cantar → *cantá*; vender → *vendé*; escribir → *escribí*.

Esperó. Volvió a escribir.

15 «El coronel sigue de director en la policía. Hace poco lo vi y fue muy atento conmigo. Me dijo que cuando yo quisiera él iba a hablar con el dueño del taller para que te den otra vez el trabajo. Y que me iba a conseguir un apartamento en los multifamiliares de Candelaria. Le conté a los niños y están felices. Imagínate. Allí tienen una escuela y un parque, y hasta un televisor en el parque».

20 *Esperó. Volvió a escribir.*

«El coronel dice que vos sabés que él es buena gente. Que ya no hay nada contra vos y que cuando te capturó la última vez te trató bien, y que la otra vez los agentes te hicieron lo que te hicieron sin que él xxxxx perdoná el tachón, supiera nada, pero que arrestó a los agentes 25 al saberlo. Dice que esas cosas no pasan en una democracia. Yo creo que es cierto, y por eso no está bien lo que declaraste en los periódicos de allí».

Esperó. Volvió a escribir.

«Matildita lleva el segundo lugar en la escuela. Pero tengo pro- 30 blemas con Arturo, que dice que quiere entrar de aprendiz y no termi- nar la escuela. Yo no quiero porque está muy pequeño, y además el doctor dice que lo del pulmón necesita reposo. Por eso es necesario que volvás pronto. Ya casi no echa sangre, sólo cuando tose fuerte».

Esperó. Volvió a escribir.

35 «A mi papá le quitaron el trabajo en la sastrería.° Sigue peor de la vista. Yo creo que ya no me va a poder seguir ayudando, ya está muy viejito. Por eso mejor te vienes, pues yo sola no puedo ganar lo sufi- ciente. Además yo no creo que te pase nada, el gobierno da garantías. Fijate que ya ni censura hay, por eso te escribo todo esto, así que vos 40 podés contestarme tranquilo, ya ni cartas me escribís».

tailor's shop

Esperó. Volvió a escribir.

«Cuidate mucho, y que vengas pronto es el deseo de tus hijos y de tu

Carlota».

45 *Le quitaron la hoja de papel.*

DESPUES DE LEER

¿Qué pasó?

Conteste las preguntas siguientes.

1. ¿Cómo era la situación política del país antes de la fecha en que Carlota escribe la carta?

2. ¿Cuáles son las buenas noticias que le da Carlota a su esposo?

3. ¿Qué le cuenta ella sobre los hijos?

4. ¿Por qué el padre de Carlota ya no trabaja?

5. ¿Qué razones le da Carlota al esposo para convencerlo de que regrese?

¿Cierto o falso?

Diga si las oraciones siguientes son ciertas o falsas. En caso de que sean falsas, explique por qué.

1. Esta es la primera carta que Carlota le escribe a su esposo.

2. Carlota le dice que ya no hay problemas políticos.

3. Víctor trabajaba en un taller.

4. Carlota le dice que el coronel arrestó a los agentes que trataron mal a Víctor.

5. Ella quiere que el esposo vuelva porque la hija tiene problemas en la escuela.

6. Por la descripción de Carlota, sospechamos que el hijo padece de tuberculosis.

7. El padre de Carlota no quiere trabajar más en la sastrería.

8. Víctor le escribe cartas a Carlota con frecuencia.

En otras palabras

A. Definiciones   Defina las palabras siguientes con una frase.

1. huelga

2. célula

3. borracho

4. pulmón

5. sastrería

B. ¿Recuerda el sinónimo?   Escoja el número correspondiente.

1. suplicar   ___ decir

2. volver   ___ cortés

3. el pueblo   ___ la gente

4. el juzgado   ___ descanso

5. atento   ___ pedir

6. capturar   ___ regresar

7. declarar   ___ la corte

8. reposo   ___ arrestar

C. ¿Qué palabra falta?   Complete las oraciones con la palabra adecuada de la lista siguiente, haciendo los cambios que sean necesarios.

apoyo	célula	pulmón	sastrería
arrestar	huelgas	quitar	suplicar
atento	juzgado	reposo	tranquilo

Víctor pertenecía a una _____ que estaba en contra del gobierno de su país. Por eso la policía lo _____ en una ocasión. El _____ decidió que las personas que murieron se suicidaron. Víctor ya no está con su familia y su esposa le dice que todo está _____. Ya no hay _____ y el jefe de la policía ha sido muy _____ con Carlota. Ella le _____ a Víctor que regrese porque necesita su _____ . Su padre no trabaja en la _____ porque el jefe le _____ el trabajo. Además el hijo tiene problemas del _____ y necesita _____ .

Parecidas pero diferentes

Subraye las palabras entre paréntesis para completar la oración correctamente. Puede consultar el Apéndice A, «Parecidas pero diferentes», en la página 163, si necesita revisar el significado de las palabras.

1. Carlota le (pregunta/pide) a su esposo que (vuelva/devuelva) a su (campo/país).

2. (Aparece/Parece) que él (salió/dejó) a su familia después de tener problemas con el gobierno.

3. Carlota le dice que ahora todo el pueblo (soporta/apoya) al gobierno y por eso las cosas están (quietas/tranquilas).

4. Ella (trata/trata de) convencerlo de que puede (resumir/reanudar) su vida con su familia.

5. Ella le dice que él va ser (libre/gratis) otra vez y que podrá tener su (posición/puesto) en el taller.

6. Carlota y sus hijos (faltan/extrañan) a Víctor.

7. Cuando ella termina de escribir, alguien le (toma/quita) la carta.

8. No (sabemos/conocemos) quién es, pero lo sospechamos.

Exprese su opinión

Conteste las preguntas siguientes.

1. ¿Cómo es la situación económica de la familia? ¿Cuál era el trabajo del padre? ¿Dónde viven? ¿Qué problemas hay después de que el padre se va?

2. ¿Dónde está Víctor y por qué? ¿Qué información hay en la carta de Carlota que nos hace sospechar algo? ¿Cree usted que Víctor va a regresar a su país como consecuencia de esta carta? Explique su respuesta.

3. ¿Cree usted que Carlota escribe esta carta voluntariamente? ¿Cree usted que ella verdaderamente desea que Víctor regrese? Explique su respuesta.

4. ¿Cree usted que todo lo que Carlota le dice a Víctor sobre la situación política es cierto? ¿Por qué cree usted que ella hace esto? ¿Hay en la carta alguna señal para Víctor?

5. ¿Debe el gobierno vigilar a las personas que le parecen sospechosas? ¿Está justificada la censura en alguna circunstancia? Explique su respuesta.

Tema para crear

Imagine que un amigo suyo o una amiga suya acaba de irse a estudiar a otra escuela. Escríbale una carta y cuéntele lo que usted hace este año escolar: los cursos que sigue, los profesores que tiene, las actividades en que participa, las diversiones de los fines de semana, etcétera.

De dos en dos

En este cuento la protagonista tiene la oportunidad de hacer algo por un hombre. Cuando lea «El forastero y el candelabro de plata», verá que hay varios puntos de contacto entre ambos cuentos. ¿En qué se parecen las mujeres? ¿En qué se diferencian? ¿Con cuál de ellas está usted de acuerdo? ¿Por qué?

Algo más

La vida de una familia se ve afectada por la guerrilla. En el Apéndice C se dan instrucciones para encontrar información en la Red y en el Apéndice D se sugiere un vídeo relacionado con el tema.

4

Los mejor calzados

Luisa Valenzuela
Argentina

ANTES DE LEER

Vocabulario para la lectura

Estudie las palabras y frases siguientes.

1. **mendigo** *beggar*   En esta ciudad hay muchos mendigos.
2. **sobrar** *to have more than enough*   A ninguno le faltan zapatos, zapatos sobran.
3. **matorrales (los)** *thickets*   A veces le quitan el zapato a alguna pierna que se encuentra entre los matorrales.
4. **soler (ue) (+ infinitivo)** *to + verb + usually*   Suelen presentar manchas de sangre.
5. **mancha** *stain*   Suelen presentar manchas de sangre.
6. **calzar** *to wear shoes*   Un zapato sólo sirve para calzar a un rengo.
7. **rengo/a** *lame person*   Un zapato sólo sirve para calzar a un rengo.
8. **a menudo** *often*   A menudo se encuentra el cadáver completo.
9. **en cambio** *on the other hand*   En cambio, las ropas no pueden ser utilizadas.
10. **bastar con** *to suffice*   A ellos les basta con dar unos pocos pasos para que les corten la carrera.
11. **baldío** *wasteland*   Hemos instalado en un baldío un puestito de canje.
12. **canje (el)** *exchange*   Hemos instalado en un baldío un puestito de canje.
13. **por fin** *finally*   Sólo ganamos dinero cuando por fin hacemos una venta.
14. **familiares (los)** *relatives*   Los familiares compran los zapatos.
15. **merodear** *to roam*   La policía nos permite merodear por los baldíos.
16. **jactarse de** *to brag, to boast about*   Esta ciudad se jacta de tener los mendigos mejor calzados del mundo.

¡Vamos a practicar!

Complete las oraciones con la forma adecuada de las palabras o frases de la lista de vocabulario.

1. Para sacar buenas notas, no _____ ser inteligente; también es necesario estudiar mucho.

2. Carlos sufrió un accidente que le afectó una pierna y ahora está _____.

3. Tuve que lavar las _____ de la camisa con un detergente especial.

4. Cuando era niño, mi familia visitaba a mis abuelos _____ .

5. Los Martínez nunca _____ todo el dinero que tienen.

6. ¡Creo que _____ me graduaré en mayo!

7. El príncipe supo que Cenicienta era la persona que él buscaba porque ella se pudo _____ el zapato de cristal.

8. El gobierno no aceptó el _____ de prisioneros que pedían los terroristas.

9. Cerca de su casa hay un _____ , y los animales _____ entre los _____ .

10. A la salida de la iglesia había varios _____ que pedían dinero.

11. Me gustan los perros pero a mi hermana, _____ , le gustan los gatos.

12. _____ es lo contrario de no tener lo necesario.

13. En el verano iré a visitar a mis _____ que viven en España.

14. En el invierno aquí _____ hacer mucho frío.

Sobre la autora

Luisa Valenzuela nació en Buenos Aires, Argentina, en 1938. Conocida primero como periodista, ha escrito novelas y varios libros de cuentos. En sus obras es evidente su interés por temas feministas, así como su preocupación por los problemas sociales y políticos del mundo hispánico, especialmente de su país. Ha viajado mucho y ha dado conferencias en diversas universidades norteamericanas y en varios países de Europa y de Hispanoamérica. El cuento que usted va a leer forma parte de Aquí pasan cosas raras *(1975). En este libro Valenzuela presenta situaciones absurdas, que no esconden la crítica social al sistema político, sin dejar de incluir una buena dosis de humor cruel. El cuento seleccionado nos da su comentario sobre los «desaparecidos». Así se les conoce a los miles de personas que desaparecieron, y probablemente murieron, entre los años 1976 y 1983 en Argentina*

porque estaban en contra del régimen militar. Las madres de estas personas deci-dieron recordar a las víctimas en forma pública y comenzaron a marchar en la cén-trica Plaza de Mayo todos los jueves con fotografías de sus familiares. El cine también se ha inspirado en estos acontecimientos. Un ejemplo de esto es la película La historia oficial. *Cuando en 1989 el entonces presidente argentino Carlos Menem perdonó a los militares considerados responsables de las desapariciones, hubo numerosas protestas que volvieron a darles relevancia a las circunstancias aludidas en el cuento seleccionado.*

Usted sabe más de lo que cree

Cuando uno quiere indicar que algo es pequeño, en español se usa un sufijo diminutivo, comúnmente -ito, *aunque en algunos países prefieren* -ico *y en otros* -illo. *Así, en lugar de decir* una casa pequeña, *se dice* una casita. *Sin embargo, no siempre el sufijo diminutivo se refiere al tamaño* (size). *A veces sirve para expresar ciertas emociones, como el cariño* (affection) *que una per-sona siente hacia algo o la ternura* (endearment) *que algo provoca. En el cuento que leerá a continuación, hay varios ejemplos de diminutivos:* com-pletito, puestito, bizcochito, bosquecito. *Búsquelos en la oración a la que pertenecen y decida si todos se refieren al tamaño de los objetos y los lugares o si comunican alguna emoción. ¿Existe alguna relación entre el uso de estos diminutivos y el asunto del cuento?*

Preguntas de orientación

Las preguntas siguientes le ayudarán a comprender mejor el cuento.

1. ¿Qué características tiene el gobierno de un dictador militar?

2. ¿Cómo viste un mendigo casi siempre?

3. ¿Qué agencias les ofrecen ayuda a las personas necesitadas en una comunidad? ¿De dónde reciben la ayuda que dan?

Preguntas de anticipación

Piense en las preguntas siguientes mientras lee el cuento.

1. ¿De dónde proceden los zapatos de los mendigos del cuento?

2. ¿Por qué no pueden usar la ropa?

3. Además de los mendigos, ¿qué otras personas usan estos servicios?

Los mejor calzados

Invasión de mendigos pero queda un consuelo: a ninguno le faltan zapatos, zapatos sobran. Eso sí,° en ciertas oportunidades hay que quitárselo a alguna pierna descuartizada° que se encuentra entre los matorrales y sólo sirve para calzar a un rengo. Pero esto no ocurre a

5   menudo, en general se encuentra el cadáver completito con los dos zapatos intactos. En cambio las ropas sí están inutilizadas. Suelen presentar orificios de bala y manchas de sangre, o han sido desgarradas° a latigazos,° o la picana° eléctrica les ha dejado unas quemaduras muy feas y difíciles de ocultar. Por eso no contamos con la ropa, pero los

10   zapatos vienen chiche.° Y en general se trata de buenos zapatos que han sufrido poco uso porque a sus propietarios no se les deja llegar demasiado lejos en la vida. Apenas asoman° la cabeza, apenas piensan (y el pensar no deteriora los zapatos) ya está todo cantado y les basta con dar unos pocos pasos para que ellos les tronchen° la carrera.

15   Es decir que zapatos encontramos, y como no siempre son del número que se necesita, hemos instalado en un baldío del Bajo un puestito de canje. Cobramos muy contados° pesos por el servicio: a un mendigo no se le puede pedir mucho pero sí que contribuya a pagar la yerba mate* y algún bizcochito de grasa. Sólo ganamos dinero de ver-

20   dad° cuando por fin se logra alguna venta. A veces los familiares de los muertos, enterados vaya uno a saber cómo° de nuestra existencia, se llegan hasta nosotros° para rogarnos que les vendamos los zapatos del finado si es que los tenemos.° Los zapatos son lo único que pueden enterrar, los pobres, porque claro, jamás les permitirán llevarse el

25   cuerpo.

Eso. . . Of course
cut up

ripped
a. . . using a whip / goad
los zapatos. . . the shoes are just what was needed

Apenas. . . As soon as they put out
cut short

few

Sólo. . . We really make money

vaya. . . only God knows how / se. . . come round to us / si. . . if we happen to have them

la yerba mate: Se usa para preparar té; es popular en la región del Río de la Plata (Argentina, Uruguay y Paraguay).

Es realmente lamentable que un buen par de zapatos salga de circulación, pero de algo tenemos que vivir también nosotros y además no podemos negarnos a una obra de bien. El nuestro es un verdadero apostolado y así lo entiende la policía que nunca nos molesta mientras
30   merodeamos por baldíos, zanjones,° descampados,° bosquecitos y   large ditches / open fields
demás rincones° donde se puede ocultar algún cadáver. Bien sabe la   remote places
policía que es gracias a nosotros que esta ciudad puede jactarse de ser la de los mendigos mejor calzados del mundo.

DESPUES DE LEER

¿Qué pasó?

Conteste las preguntas siguientes.

1. ¿Qué pasa cuando sólo se encuentra un zapato?

2. ¿En qué lugares se busca para encontrar zapatos?

3. ¿Cómo son los zapatos casi siempre? ¿Por qué?

4. ¿Qué es el «puestito de canje»?

5. ¿Para qué sirve el dinero que pagan los mendigos por los zapatos?

6. ¿Cuándo se gana dinero?

7. ¿Por qué los familiares de los muertos quieren comprar sus zapatos?

8. ¿Por qué la policía permite la búsqueda de cadáveres?

En otras palabras

A. *Vocabulario especial*   Haga una lista de todas las palabras relacionadas con las ideas de violencia y tortura que aparecen en el cuento.

B. *Definiciones*   Defina las palabras siguientes con una frase.

1. mendigo   6. canje

2. descuartizada   7. familiares

3. matorral   8. finado

4. rengo   9. apostolado

5. cadáver   10. calzados

C. ¿Qué palabra falta?   Complete las oraciones con la palabra adecuada de la lista siguiente, haciendo los cambios que sean necesarios.

a menudo	calzar	ganar	quemada
apostolado	de verdad	jactarse de	ropa
a veces	descampados	mendigos	sangre
balas	desgarrada	merodear	sobrar
baldíos	familiares	policía	zanjones

En esta ciudad, hay unas personas que _____ por los _____ , los _____ y los _____ . La _____ se lo permite. _____ allí encuentran zapatos para _____ a _____ . _____ les venden los zapatos a los _____ del muerto y _____ dinero. Los zapatos _____ pero no pueden utilizar la _____ porque está _____ o _____ o tiene manchas de _____ y orificios de _____ . Ellos creen que _____ su trabajo es un _____. La ciudad puede _____ la obra de bien que realiza esta organización.

Parecidas pero diferentes

Subraye las palabras entre paréntesis para completar la oración correctamente. Puede consultar el Apéndice A, «Parecidas pero diferentes», en la página 163, si necesita revisar el significado de las palabras.

1. El (solo/sólo/único) consuelo de los mendigos de esta ciudad es que todos tienen zapatos, aunque en realidad los zapatos son (ajenos/extraños).

2. Cuando alguien muere, hay personas que (tratan de/se tratan de/prueban) encontrar los cadáveres en los lugares (solos/solitarios/únicos) para (tomar/llevar) los zapatos.

3. Si los zapatos no son del número adecuado, entonces (tienen/tienen que) cambiarlos en el puesto de canje.

4. Allí no (se niegan a/niegan) cambiárselos a nadie.

5. Los familiares de los muertos (preguntan/piden) los zapatos porque quieren enterrarlos.

6. Es buena idea (tratar de/probar/probarse) los zapatos antes de comprarlos.

7. La (policía/póliza) (sabe/conoce) que esto ocurre, pero les (deja/sale/deja de) continuar.

8. No es posible usar la ropa porque tiene rotos, manchas de las (heridas/injurias) o quemaduras que (salieron/dejaron) los instrumentos de tortura.

9. El narrador opina que (se trata de/trata de) una obra de bien, un (real/verdadero) apostolado.

10. Como no tienen problemas con las autoridades, el negocio no va a (dejar/salir de/dejar de) existir.

Exprese su opinión

Conteste las preguntas siguientes.

1. ¿Quién narra el cuento? ¿Cree usted que el narrador está de acuerdo con la situación que narra? ¿Cuál será su propósito entonces?

2. ¿Quiénes cree usted que eran las personas que aparecían muertas en los zanjones?

3. ¿Qué hacen las personas en nuestro país cuando no están de acuerdo con el gobierno?

4. ¿Conoce usted a alguna persona que haya tenido que salir de su país como consecuencia de problemas políticos, sociales o económicos? ¿De dónde es y qué tuvo que hacer para llegar a los Estados Unidos?

5. ¿Cree usted que se justifica la persecución, tortura y asesinato de los enemigos políticos? Explique su respuesta.

De dos en dos

Este cuento se puede comparar con «Una carta de familia» porque en ambos hay una crítica contra la conducta abusiva de un gobierno militar. ¿Cómo se presenta la crítica en cada cuento? ¿Cuál le parece más efectiva? ¿Por qué?

Algo más

Este cuento trata el tema de «los desaparecidos» en Argentina durante los años de «la guerra sucia». En el Apéndice C se dan instrucciones para encontrar información en la Red y en el Apéndice D se sugieren vídeos relacionados con el tema.

5

Presagios

José Alcántara Almánzar
República Dominicana

ANTES DE LEER

Vocabulario para la lectura

Estudie las palabras y frases siguientes.

1. **soga**   *rope*   En su cuello tenía impresa la marca de la soga.
2. **ahogarse**   *to drown*   Soñaba que el gerente se había ahogado en la playa.
3. **faltar**   *to be absent, to be missing*   Era el gerente quien faltaba a la oficina.
4. **pretextar**   *to claim*   Era el gerente quien faltaba a la oficina pretextando fiebre y tos.
5. **presagio**   *omen*   Sus viajes eran presagios equivocados que nadie conocía.
6. **trocarse (ue)**   *to turn to*   . . .escapes de antiguos rencores contra su jefe, venganzas imaginarias que se trocaban en castigos.
7. **castigo**   *punishment*   . . .escapes de antiguos rencores contra su jefe, venganzas imaginarias que se trocaban en castigos.
8. **portar**   *to carry*   A mediodía entraban cuatro individuos portando maletines de cuero. . .
9. **encañonar**   *to point a gun*   A mediodía entraban cuatro individuos portando maletines de cuero, encañonaban al público. . .
10. **bóveda**   *bank vault*   . . .el gerente, a la primera amenaza, les abría la bóveda.
11. **conminar**   *to order*   Para sorpresa de todos llegaba la policía y conminaba a los ladrones a entregarse.
12. **entregarse**   *to give oneself up*   Para sorpresa de todos llegaba la policía y conminaba a los ladrones a entregarse.
13. **disparo**   *shot*   Sonaba un disparo, él sentía un espuelazo en el pecho y se desplomaba. . .
14. **desplomarse**   *to collapse*   Sonaba un disparo, él sentía un espuelazo en el pecho y se desplomaba. . .

15. **desasosiego**   *uneasiness*   Pasó la mañana muy excitado, casi sin poder concentrarse por el desasosiego. . .

16. **cumplir**   *to carry out*   El asalto se cumplió según las pautas del sueño. . .

17. **alcanzar**   *to reach*   El disparo no alcanzó al gerente. . .

18. **desenlace (el)**   *ending*   El había estado muy seguro, esperando un desenlace. . .

¡Vamos a practicar!

Complete las oraciones con la forma adecuada de las palabras de la lista de vocabulario.

1. La semana pasada estuve enfermo y tuve que _____ a clase.

2. Hay personas que guardan sus documentos importantes en la _____ del banco.

3. El secuestrador _____ pacíficamente después de que la policía lo _____ .

4. Lo mejor de la película es el _____ porque todos obtienen lo que desean.

5. Para algunas personas ver un gato negro es un _____ de mala suerte.

6. Cada vez que no quiere hacer algo, mi primo _____ que tiene mucha tarea.

7. Como no soy muy alto, para poder _____ ese libro, tengo que subirme en una escalera.

8. El _____ por sacar malas notas es no ver televisión por una semana.

9. Rubén no sabe nadar y por eso tiene miedo de _____ en la playa.

10. El asaltante _____ a los clientes del banco con un revólver y dijo: «¡Manos arriba!»

11. Siempre que sea posible, una promesa debe _____ .

12. La noticia de la tragedia le causó un gran _____ a Berta.

13. Cuando los abuelos vieron salir a los nietos del avión, la expectación _____ en alegría.

14. Cuando se abre una botella de champán, el ruido es parecido al de un _____ .

15. El calor era tan intenso que una anciana _____ mientras esperaba en la cola.

16. En el rodeo se usa una _____ para controlar las vacas.

17. En los Estados Unidos las personas tienen el derecho de _____ armas.

Sobre el autor

José Alcántara Almánzar nació en 1946 en la ciudad de Santo Domingo, República Dominicana, donde ha sido profesor de sociología y actualmente es director del Departamento Cultural del Banco Central de la República Dominicana. Desde los setenta combina la investigación sociológica y la docencia con la creación y la crítica literarias. El cuento seleccionado pertenece al libro La carne estremecida *(1991), que ganó el Premio Nacional de Cuento 1989–1990. Alcántara escribió casi la totalidad de esos cuentos mientras se encontraba en Alabama de profesor residente en Stillman College, gracias a la Fundación Fulbright. Como en sus libros anteriores, los personajes están situados en ambientes urbanos, donde sufren la opresión de quienes tienen el poder y el control sobre ellos. Muchas veces son víctimas de sus propios miedos, obsesiones y frustraciones.*

Usted sabe más de lo que cree

La experiencia de la lectura debe comenzar desde el título, su aspecto más externo. En el caso de un cuento, como el espacio es muy limitado, el autor puede usar esta posición privilegiada para destacar algún aspecto de la narración, por ejemplo, algún personaje o algún objeto que va a ser importante, así como el lugar donde se desarrolla la acción, o para advertirnos sobre el problema del cuento o su solución.

Considere el título del cuento que usted va a leer a continuación, «Presagios». Ya usted sabe el significado de esta palabra porque la estudió en la sección de vocabulario. ¿En qué piensa usted cuando lee este título y por qué? ¿Qué otras palabras conoce usted que puedan ser sinónimos de la palabra presagio? ¿Qué expectativas despierta el título en usted? Probablemente, empieza a sospechar que el título tiene relación con el asunto desarrollado en el cuento, tal vez con el destino de alguno de los personajes. Cuando lea el cuento, decida con cuál de los personajes se asocia el concepto de los presagios, piense en una posible explicación y comente la ironía final.

Preguntas de orientación

Las preguntas siguientes le ayudarán a comprender mejor el cuento.

1. ¿Cómo es el trabajo de los empleados de un banco?

2. ¿Qué peligro hay para una persona que trabaja en un banco?

3. ¿Qué importancia tienen los sueños para algunas personas?

Preguntas de anticipación

Piense en las preguntas siguientes mientras lee el cuento.

1. ¿Qué relación tienen los sueños con la vida real?

2. ¿Qué es una venganza?

3. ¿Para qué quiere una persona saber si algo malo va a ocurrir?

Presagios

El cajero soñaba que querían estrangular al gerente y al despertar le dolía la garganta y en su cuello tenía impresa la marca de la soga. Soñaba que el gerente se había ahogado en la playa y a la mañana siguiente casi no podía respirar, había arena en su cama y las sábanas estaban
5   mojadas°, con un fuerte olor a mar. Soñaba que tenía gripe y era el gerente quien faltaba a la oficina, pretextando fiebre y tos. Soñaba que viajaría a otro país y al poco tiempo era el gerente quien se encontraba a bordo de un avión, con gastos pagados por el banco en que ambos trabajaban.

wet

10   Sus viajes al fondo de sí mismo° eran presagios equivocados que nadie conocía, escapes erráticos de antiguos rencores contra su jefe, venganzas imaginarias que se trocaban en castigos.

al. . . to the bottom of himself

Quiso siempre soñar con dinero y gloria, y el subconsciente lo traicionaba, llevándolo al terreno pantanoso del peligro, al baldío de la
15   mediocridad y la frustración.

Una noche soñó que se producía un asalto al banco. A mediodía entraban cuatro individuos portando maletines de cuero, encañonaban al público, y el gerente, a la primera amenaza, les abría la bóveda. Mientras unos sacaban los fajos de billetes°, los otros vigilaban. Para

los. . . wads of bank notes

20 sopresa de todos llegaba la policía y conminaba a los ladrones a entregarse. Sonaba un disparo, él sentía un espuelazo° en el pecho y se   sting
desplomaba. . .

    Al otro día pasó la mañana muy excitado, casi sin poder concen-
trarse por el desasosiego, ya que sabía lo que iba a suceder y no deseaba
25 evitarlo.

    A las doce entraron cuatro individuos portando maletines de
cuero, encañoraron al público, y el gerente, a la primera amenaza, les
abrió la bóveda. . .

    El asalto se cumplió según las pautas° del sueño, con una ligera   rules
30 variante: el disparo no alcanzó al gerente, sino a él, que había estado
muy seguro, esperando un desenlace a la inversa detrás de su ventanilla.

DESPUES DE LEER

¿Qué pasó?

Conteste las preguntas siguientes.

1. ¿Quiénes son los personajes principales del cuento?

2. ¿Cómo eran los sueños del protagonista casi siempre?

3. ¿Con qué quería soñar?

4. ¿Cuáles son los cuatro ejemplos de sueños que se cumplieron a la inversa?

5. ¿Por qué no se cumplió el último sueño?

En otras palabras

    A. Definiciones   Defina las palabras siguientes con una frase.

1. soga

2. ahogarse

3. arena

4. sábana

5. gripe

6. castigo

7. traicionar

8. maletín

9. amenaza

10. bóveda

B. ¿Recuerda el sinónimo?   Escoja el número correspondiente.

1. rencor   ___ piel

2. trocar   ___ llegar

3. pautas   ___ final

4. variante   ___ caerse

5. alcanzar   ___ cambiar

6. desenlace   ___ resentimiento

7. suceder   ___ llevar

8. cuero   ___ reglas

9. desplomarse   ___ ocurrir

10. portar   ___ diferencia

C. ¿Recuerda el antónimo?
Escoja el número correspondiente.

1. mojado   ___ delante

2. asistir   ___ premio

3. imaginario   ___ correcto

4. castigo   ___ tranquilidad

5. peligro   ___ meter

6. sacar   ___ real

7. desasosiego   ___ dormir

8. detrás   ___ faltar

9. despertar   ___ seco

10. equivocado   ___ seguridad

D. ¿Qué palabra falta?   Complete las oraciones con la palabra adecuada de la lista siguiente, haciendo los cambios que sean necesarios.

alcanzar	bóveda	cumplirse	desplomarse	jefe
amenaza	cajero	desasosiego	disparo	pautas
asalto	castigo	desenlace	gerente	presagios

Cada vez que el _____ soñaba que algo bueno o malo le iba a suceder a él, en realidad le ocurría al _____ , o viceversa. Cuando él soñaba con venganzas, recibía el _____ . El creía que sus sueños eran _____ porque siempre _____ .

Una noche soñó que había un _____ y que los ladrones robaban el dinero de la _____ del banco porque el _____ la abría después de la primera _____ . Al día siguiente, no podía trabajar por el _____ que sentía. Pero el _____ no siguió las _____ del sueño. El narrador _____ después de que el _____ lo _____ en el pecho.

Parecidas pero diferentes

Subraye las palabras entre paréntesis para completar la oración correctamente. Puede consultar el Apéndice A, «Parecidas pero diferentes», en la página 163, si necesita revisar el significado de las palabras.

1. El protagonista de este cuento (tiene sueño/sueña) con lo que va a ocurrir, (pero/sino) siempre ocurre a la inversa.

2. En el banco él tiene (la posición/el puesto) de cajero.

3. Un día, el gerente obedece a los asaltantes cuando ellos le dan (el orden/la orden) de abrir la bóveda.

4. El cajero cree que (otra vez/otro tiempo) se va a cumplir el sueño de la noche anterior.

5. Al principio, él no (se siente/siente) (quieto/tranquilo).

6. Todo (mira/parece/aparece) confirmar lo que él estaba esperando.

7. Por esa razón, él no (trata/trata de/prueba) evitar lo que va a ocurrir porque él no (apoya/soporta/sostiene) al gerente.

8. (Porque/Como) él cree que es el (único/solo/sólo) que (sabe/conoce) el futuro, espera el desenlace (correcto/derecho).

9. El sueño no (se da cuenta/se realiza) porque el gerente no fue la víctima (pero/sino) el cajero.

10. El disparo lo (duele/hiere) en el pecho.

Exprese su opinión

Conteste las preguntas siguientes.

1. ¿Qué relación cree usted que existe entre el gerente y el narrador? ¿Por qué opina usted así?

2. ¿Cree usted que todas las personas sueñan? ¿Con qué frecuencia sueña usted? ¿Recuerda usted con qué o con quién soñó al día siguiente? ¿Qué tipo de sueño tiene usted más frecuentemente? ¿Tiene usted alguna explicación para esto?

3. Trate de recordar algún sueño que usted tuvo, agradable o desagradable. ¿Con qué o con quién soñó? ¿Cómo se sintió cuando se despertó? ¿Tenía relación el sueño con la realidad? ¿Cuál?

4. Además de los sueños, ¿qué otras formas se usan popularmente para saber lo que le va a ocurrir a una persona en el futuro? ¿Cuál ha usado usted alguna vez? ¿Por qué? ¿Qué resultados obtuvo?

5. ¿Qué opina usted sobre la posibilidad de conocer el futuro con anticipación? ¿Le parece a usted que una persona debe tratar de saber lo que le va a pasar en el futuro? ¿Por qué?

Tema para crear

¿Con qué le gustaría soñar a usted? Escriba una composición y explique por qué.

De dos en dos

El narrador de este cuento tiene una obsesión. ¿Cuál es? ¿Por qué cree usted que él se siente así? ¿En qué se parece al narrador de «Carta a un psiquiatra»? ¿En qué se diferencian? ¿Con cuál de los narradores simpatiza usted más? ¿Por qué?

Algo más

En este cuento, el narrador cree que el mundo de los sueños tiene influencia en su vida diaria. En el Apéndice C se dan instrucciones para encontrar información en la Red y en el Apéndice D se sugiere un vídeo relacionado con el tema.

6

El Aventurero

Igor Delgado Senior
Venezuela

ANTES DE LEER

Vocabulario para la lectura

Estudie las palabras y frases siguientes.

1. **augurar** *to foretell* La tarde es de fiesta y el sol augura un cálido tiempo.
2. **derrota** *defeat* Es lástima que la consagración venga después de la derrota.
3. **pretender** *to try for, to aspire* Pretendió sabiduría.
4. **sabiduría** *wisdom* Pretendió sabiduría.
5. **astucia** *cleverness* Otras astucias fueron más poderosas.
6. **presenciar** *to witness* Afortunadamente no presencié su fracaso.
7. **fracaso** *failure* Afortunadamente no presencié su fracaso.
8. **ternura** *tenderness* Mi padre fue gigante en ternura.
9. **ánimo** *courage* Su fortaleza de ánimo nos permitió sobrevivir.
10. **sobrevivir** *to survive* Su fortaleza de ánimo nos permitió sobrevivir.
11. **torneo** *tournament* Por eso hoy, ante el torneo, me encomiendo a sus enseñanzas.
12. **multitud (la)** *crowd* Observo el desbordante color de la multitud.
13. **advertencia** *warning* Sus gritos me llegan como advertencia.
14. **aguardar** *to await* Sus gritos me llegan como advertencia de la lucha que me aguarda.
15. **cumplir** *to fulfill* ¡Quizás cumplen su destino!
16. **retozar** *to frolic* Quisiera encontrarme de nuevo en mi campo natal para retozar con los amigos.
17. **compartido/a** *shared* Me despido de ustedes en la soledad compartida de la fiesta.

¡Vamos a practicar!

Complete las oraciones con la forma adecuada de las palabras o frases de la lista de vocabulario.

1. Las botellas de bebidas alcohólicas tienen una _____ sobre los efectos negativos del alcohol.

2. Durante el partido de fútbol, la _____ estuvo entusiasmada aunque los expertos _____ la _____ del equipo.

3. Al perro de mi vecino le gusta _____ en la hierba.

4. En la Biblia, la serpiente es modelo de la _____ y Salomón lo es de la _____ .

5. No solamente se aprende cuando se gana; también el _____ enseña lecciones importantes.

6. El trabajo _____ es más fácil de realizar.

7. Hoy día más personas _____ después de un ataque al corazón gracias a la tecnología moderna.

8. Los jugadores están muy bien preparados y _____ ganar el _____ sin dificultad.

9. El soldado necesita _____ para poder _____ una misión tan peligrosa.

10. Ningún problema es demasiado grave si tenemos la _____ y el cariño de nuestros padres.

11. Elisa no sabe la sorpresa que le _____ porque nadie le ha dicho el secreto.

12. La policía interroga a las personas que _____ el accidente.

Sobre el autor

Igor Delgado Senior nació en Caracas, Venezuela, en 1942. Estudió literatura y es abogado. Ha publicado varios libros de cuentos y de ensayos, y ha ganado premios importantes. Colabora en El Nacional *y en 1990 ganó el Concurso de Cuentos patrocinado por este periódico. El cuento seleccionado pertenece a su libro* Relatos de Tropicalia *(1985), en el cual aparecen escenas de la vida diaria tratadas con humor irónico.*

Usted sabe más de lo que cree

Un aspecto importante para la comprensión de toda narración es el narrador, quién narra el cuento. En el cuento siguiente, el protagonista es también el narrador del cuento, pero se trata de un narrador poco común. Desde el primer párrafo da información personal, como la referencia a su padre, muerto en el mismo lugar adonde él va a entrar, y luego habla de su familia. Hay también información sobre el lugar donde se encuentra, el tipo de actividad que allí se realiza y lo que él opina sobre esto. Lea el cuento primero para saber de qué se trata y luego léalo otra vez y busque las pistas (clues) *que el narrador dio durante la narración para adivinar su identidad.*

Preguntas de orientación

Las preguntas siguientes le ayudarán a comprender mejor el cuento.

1. ¿Qué es una corrida de toros?

2. ¿Dónde tiene lugar?

3. ¿Por qué algunas personas se oponen a este tipo de diversión?

Preguntas de anticipación

Piense en las preguntas siguientes mientras lee el cuento.

1. ¿Quién narra el cuento?

2. ¿Dónde se encuentra mientras narra el cuento?

3. ¿Cómo es la vida de su familia?

El Aventurero

La tarde es de fiesta y el sol augura un cálido tiempo para que todo brille como aceros templados. En el redondel° se mezclan muchos dolores intrínsecos, porque la muerte siempre está de por medio.° Hace años, mi padre cayó en esa procelosa circunferencia, 5 aunque no sin aplausos. Es lástima que la consagración venga después de la derrota. Hay que resignarse.

Del viejo conservo los más puros recuerdos. Puedo ver sus ojos —como si fuera en este instante— penetrando cada punto de vida. Pretendió sabiduría en el ruedo,° pero otras astucias fueron más 10 poderosas. Afortunadamente, no presencié su fracaso, tampoco mi madre ni mis pequeños hermanos. Pese a° que hemos sido educados para los terrores festivos, no nos acostumbramos a perder uno de los nuestros. Mi padre fue gigante en ternura y severidad, y su fortaleza de ánimo nos permitió sobrevivir. Por eso hoy, ante el despiadado torneo, 15 me encomiendo a sus enseñanzas.

Ya la plaza está casi llena. Observo por una ranura el desbordante color de la multitud, y sus gritos en zumbido me llegan como adver-tencia de la enconada lucha que me aguarda. No estoy inquieto, aunque mis músculos piensen lo contrario. Detrás de las paredes,

ring

está. . . is in the way

bullring

Pese. . . Despite

20   escucho las impostoras zetas de los picadores; ellos no disfrutan° con   enjoy
      la magnificencia de pases y capotes,° sino solamente con la sangre a   capes / a. . . gushing out
      borbotones.° ¡Quizás cumplen su destino!

          Siempre me ha gustado la música española. Ahora, sin embargo,
      cuando las notas castizas se desprenden de° la banda municipal, creo   se. . . come out of
25   oír tétricas marchas funerarias. He entrevisto, también, ruidosas
      damas de sombrero o mantón° que esperan satisfacer sadismos ances-   shawl
      trales mediante combates ajenos. Los hombres —menos complica-
      dos— se abruman de° manzanilla para que el poderío de los viñedos°   se. . . get intoxicated with /
      los ayude a admirar muertes sin importancia. ¡Así es la vida y este   vineyards
30   suceso de arena y oropel°!   glitz (literally, tinsel)

          La trompeta anuncia la salida. Todo está preparado. Quisiera en
      este momento irreversible, encontrarme de nuevo en mi campo natal
      para retozar con los amigos sobre el musgo° en ciernes. Quisiera sen-   moss
      tir el amoroso tacto de mi madre, el obediente cariño de mis her-
35   manos. . .

          Ya debo entrar al redondel. Me despido de ustedes en la soledad
      compartida de la fiesta. A quienes no me conocen debo decirles, por
      último, que me llaman «El Aventurero», que peso 350 kilos,* que nací
      en la Ganadería «El Rodeo» y que haré todo lo posible por morir con
40   dignidad.

DESPUES DE LEER

¿Qué pasó?

Conteste las preguntas siguientes.

1. ¿Cómo y dónde murió el padre del narrador?

2. ¿Qué recuerda el narrador de su padre? ¿Por qué?

3. ¿Cómo ha sido la vida de familia del narrador hasta este momento?

4. ¿Cómo es el ambiente en la plaza?

5. ¿Cuál es el último deseo del narrador y por qué?

*Un kilogramo es igual a 2,2 libras.

En otras palabras

A. Vocabulario especial   Haga una lista de vocabulario relacionado con la corrida de toros. Mencione por lo menos diez palabras.

B. ¿Recuerda el sinónimo?   Escoja el número correspondiente.

1. augurar   ___ afecto

2. redondel   ___ nervioso

3. combate   ___ observar

4. cariño   ___ ruedo

5. inquieto   ___ anunciar

6. aguardar   ___ lucha

7. presenciar   ___ esperar

C. ¿Recuerda el antónimo?   Escoja el número correspondiente.

1. cálido   ___ estupidez

2. derrota   ___ rebelarse

3. despedirse   ___ vacía

4. astucia   ___ fresco

5. llena   ___ saludar

6. resignarse   ___ triunfo

D. ¿Qué palabra falta?   Complete las oraciones con la palabra adecuada de la lista siguiente, haciendo los cambios que sean necesarios.

advertencia	cumplir	presenciar	sabiduría
aguardar	derrota	pretender	sobrevivir
ánimo	disfrutar	redondel	ternura
astucia	multitud	retozar	torneo
cariño			

El narrador del cuento está a punto de salir al _____ y sólo _____

poder _____ su función allí. Necesita mucho _____ porque sabe que le

_____ la _____ . En esa situación, la _____ puede más que la

_____ , y él sabe que no va a _____ . Antes de salir, escucha la excitación

de la _____ que viene a _____ la corrida y quiere empezar a

_____ de la fiesta. El recuerda la _____ de su padre y el _____ de

sus hermanos. Le gustaría _____ con sus amigos en el campo, pero la música es

la _____ de que el _____ va a comenzar.

Parecidas pero diferentes

Subraye las palabras entre paréntesis para completar la oración correctamente. Puede consultar el Apéndice A, «Parecidas pero diferentes», en la página 163, si necesita revisar el significado de las palabras.

1. El narrador del cuento (sabe/conoce) que tiene una (fecha/cita) con la muerte.

2. Le gustaría estar (gratis/libre) en el (país/campo) donde lo (crecieron/criaron) y (pasar/gastar) tiempo con sus amigos, pero (se da cuenta de/realiza) que es imposible.

3. (Porque/Como/Desde) pequeño sabía cuál sería su destino y ahora quiere (parecer/aparecer/parecerse a) su padre.

4. (Sucederá/Tendrá éxito/Logrará) si puede (hacer/jugar/tocar) un buen papel en la fiesta.

5. (Porque/Como/Desde) las personas que (atienden/asisten) a la plaza esperan divertirse, él pretende (suceder/tener éxito/lograr) un final admirable como el de su padre.

Exprese su opinión

Conteste las preguntas siguientes.

1. ¿Cuál es la opinión del narrador sobre el torneo en el que él va a participar? ¿Qué opina usted sobre este asunto?

2. ¿Qué razones da el narrador para explicar la actitud de las mujeres y los hombres que van a la plaza? ¿Para qué van? ¿Qué opina usted sobre esto?

3. Algunas personas opinan que se deben eliminar las corridas de toros y otras piensan que es necesario respetar las tradiciones culturales de los pueblos. ¿Qué opina usted?

4. ¿Qué opina usted sobre eventos deportivos que contienen violencia, como el boxeo, por ejemplo?

5. ¿Qué opina usted sobre la violencia en la televisión y los esfuerzos para limitar el acceso que los niños tienen a ella?

6. ¿Está usted de acuerdo con el uso de animales para la diversión de los seres humanos, como las corridas de toros, las carreras de perros o las peleas de gallos? ¿Qué opina usted sobre el uso de animales para experimentos médicos?

Tema para crear

¿Cómo sería un día típico desde la perspectiva de un ser no humano o un objeto inanimado? ¿Un caballo de carrera, un perro policía, un reloj despertador, una maleta, por ejemplo? Imagínese que usted es ese ser u objeto que misteriosamente tiene la habilidad de contar lo que le sucede y escriba una composición en la que narre alguna anécdota interesante que le haya sucedido.

De dos en dos

El narrador de este cuento cuenta la historia de su vida poco antes de morir. ¿Se puede comparar este cuento con «Carta a un psiquiatra»? ¿Qué tienen en común ambas narraciones? ¿Qué las diferencia? En su opinión, ¿cuál de los personajes es más trágico? ¿Por qué?

Algo más

El tema de la corrida de toros aparece en este cuento de una forma muy personal. En el Apéndice C se dan instrucciones para encontrar información en la Red y en el Apéndice D se sugiere un vídeo relacionado con el tema.

7

Carta a un psiquiatra

Juan O. Díaz Lewis
Panamá

ANTES DE LEER

Vocabulario para la lectura

Estudie las palabras y frases siguientes.

1. **locura** *insanity* Le temo a la locura.
2. **de otra manera** *otherwise* Esta carta debe ser ordenada, de otra manera no tendría objeto.
3. **estremecer (estremezco)** *to shake* El estómago se me estremece.
4. **señalar** *to point to, to show* El loco señaló a los dueños de las voces que oía pero no logré verlos.
5. **lograr (+ infinitivo)** *to succeed in, to manage to* El loco señaló a los dueños de las voces que oía pero no logré verlos.
6. **dolencia** *ailment* Puede que una persona no conozca el nombre de su dolencia.
7. **nube (la)** *cloud* Mis noches están llenas de aire, sin nubes.
8. **en voz alta** *aloud* Todos hablaban en voz alta.
9. **sonido** *sound* Eran sonidos sin relación alguna entre unos y otros.
10. **sudor (el)** *sweat* El sudor me cubrió.
11. **huir (huyo)** *to flee* He pensado huir.
12. **librarse** *to free oneself* Sólo puedo librarme acabando conmigo mismo.
13. **arma (f. but el/un arma)** *weapon* El acero de un arma es muy frío.
14. **de pronto** *suddenly* De pronto, todos se pusieron en pie y corrieron a la casa.
15. **ponerse en/de pie** *to stand up* De pronto, todos se pusieron en pie y corrieron a la casa.
16. **sollozo** *sob* Gritos, sollozos y exclamaciones poblaron el cuarto.
17. **acudir** *to come, to be present* Los vecinos todos acudieron.
18. **interrogatorio** *interrogation* El magistrado inició el interrogatorio.

¡Vamos a practicar!

Complete las oraciones con la forma adecuada de las palabras o frases de la lista de vocabulario.

1. Los médicos no pueden determinar cuál es el origen de su _____ .

2. Es un profesor muy famoso y muchas personas _____ a escuchar su conferencia.

3. Varios países buscan la forma de eliminar las _____ nucleares.

4. El cielo está precioso hoy: hay pocas _____ y el sol está muy brillante.

5. Rodrigo trabajó mucho y por fin _____ obtener el empleo que quería.

6. Tendrás que terminar la tarea porque _____ no te dará permiso para salir esta noche.

7. Necesito mejorar mi pronunciación y por eso siempre leo los ejercicios _____ .

8. Todos los candidatos se ponen nerviosos durante el _____ .

9. Durante la tormenta, la violencia del viento _____ los árboles.

10. Todas las personas _____ para cantar el himno nacional.

11. Pienso que podré _____ del examen final porque tengo buenas notas.

12. Gastar tanto dinero en algo innecesario es una _____ .

13. Dijo que no quería venir con nosotros, pero _____ cambió de opinión.

14. Cuando escuchó el _____ de la alarma, el ladrón _____ .

15. Hacía mucho calor y podía sentir las gotas de _____ en la espalda.

16. La persona que vio el accidente _____ al responsable.

17. Los _____ del bebé despertaron a los padres.

Sobre el autor

Juan O. Díaz Lewis nació en la Ciudad de Panamá en 1916. Su familia pertenecía a la clase dominante del país. Estudió en varias universidades norteamericanas y obtuvo el título de abogado en la Universidad de Michigan. En su país ha trabajado como profesor de inglés y como abogado. Por un tiempo vivió en París mientras trabajaba para la UNESCO. Ha escrito obras de teatro, pero es mejor conocido como cuentista. Algunos de sus cuentos están recogidos en el libro Viernes Santo Bautista y otros cuentos *(1946).*

Usted sabe más de lo que cree

El cuento que leerá a continuación tiene tres partes claramente identificadas. La primera de ellas, la carta mencionada en el título, es la más extensa y está trabajada a base de un recurso muy frecuente: la repetición. *Su autor repite las ideas constantemente usando sinónimos, expresiones que tienen más o menos el mismo significado, y ejemplos. Ha tomado una decisión y necesita convencer a su lector de que es la decisión correcta. Por medio de la repetición con variaciones, su exposición no resulta monótona, al mismo tiempo que transmite su estado de preocupación obsesiva. Por esas razones, y como usted va a ser ahora el lector, es necesario que usted reconozca el empleo de este procedimiento. Lea el cuento y subraye todas las formas de repetición que encuentre para referirse a lo siguiente:* carta, loco, miedo, sentir, locura, pensar. *Recuerde que no siempre la repetición es de una palabra; también encontrará frases y ejemplos.*

Preguntas de orientación

Las preguntas siguientes le ayudarán a comprender mejor el cuento.

1. ¿Cuál es el trabajo de un psiquiatra?

2. ¿Qué es una alucinación?

3. ¿Es hereditaria la locura?

Preguntas de anticipación

Piense en las preguntas siguientes mientras lee el cuento.

1. ¿A qué le teme el hombre que le escribe al psiquiatra?

2. ¿Qué ha decidido hacer para evitarlo?

3. ¿Cuándo cumple su promesa?

Carta a un psiquiatra

Estimado doctor:

Hoy tuve mi primera alucinación. Debe ser la última. No puedo permitir que se repita. Usted se preguntará a qué se debe esta carta; pero es que no se la puedo dirigir a ninguna otra persona; mi familia
5   no la entendería y mis amigos dirían que trato de autodramatizarme. Únicamente usted, psiquiatra a quien no conozco, puede recibir y leer una misiva° de esta naturaleza.

letter

Dije que hoy sufrí o —como dirían ustedes— experimenté mi primera alucinación. Sin embargo, pienso: si sé lo que es, ya deja de
10   serlo. En verdad esta circunstancia me aterra.° La he sentido, y ahora tiemblo al recordarla. Mas esto no le quita ni un ápice° de su calidad de alucinación.

me. . . terrifies me
un. . . a bit

Le temo a la locura. ¿No ve? Ya lo dije. Los dos párrafos ante-riores me han servido para darle la vuelta° a esta declaración. Pero esta
15   carta debe ser ordenada, de otra manera no tendría objeto. ¿Cómo describirle mis sentimientos al pensar en eso que llamamos «locura»? El estómago se me estremece, las piernas desaparecen, muevo la cabeza de un lado para otro y la lengua repite: no, no.

darle. . . to go around

Una vez vi un loco. No lo he podido olvidar. Me habló sin diri-
20   girse a mí, yo no estaba allí, conversaba consigo mismo. El loco men-cionó unas voces que oía, y aunque señaló a los dueños, no logré verlos. Esa noche no pude dormir. Acostado quise conjurar° a los interlocutores del pobre hombre. No era posible que alguien oyese voces de personas que no existían.

to exorcise

25   Desde entonces he visto otros locos que oían otras voces o escuchaban el mismo error. Créame, no les tenía miedo a ellos, pobres locos; me horrorizaba la enfermedad. O mejor, sentí temor al darme cuenta de que no sabían que estaban enfermos. El que sufre de cáncer o de tuberculosis o de cualquier otra cosa, puede que no conozca el
30   nombre de su dolencia, pero se siente enfermo. El insano no sabe, no puede saberlo.

Era yo muy joven cuando todo esto. Esa misma juventud me ayudó a tomar una determinación: el día que sospechara que me estaba arrebatando,° me mataría. Pero, dirá usted, ¿por qué esta preocu-
35   pación con la locura? Ya lo sé. La incidencia de locos en una sociedad como la nuestra es muy pequeña. Sin embargo, tanto en mi familia

que. . . that I was going crazy

materna como en la paterna los ha habido. Un hermano de mi madre es uno de los pacientes más antiguos del Retiro. Mi hermana mayor perdió la razón hace algunos años. Es una tara° de la cual no me puedo
40   substraer.°

De un tiempo a esta parte° no había pensado en mi locura. Mi trabajo me satisface completamente; me gusta hacerlo y gozo en él. Soy feliz con mi familia. Este cariño y esa satisfacción echaron a un lado° a mi tormento favorito. No me quedaba tiempo para cavilar.°
45   Desde hace un año no sueño. Mis noches están llenas de aire, sin nubes. Cierro los ojos y todo es azul.

Hoy conversaba con un grupo de amigos en el jardín de mi casa. No puedo precisar el tema. Sé que todos, excitadísimos, hablaban en voz alta; creo que gritaban. Me dolía la cabeza, todavía me duele.
50   Escuchaba por no entrar en la discusión. Como quien apaga° un radio, las voces murieron y se me llenó la cabeza de acordes de órgano. Eran terribles. Todos en tonos menores, lamentos y martillazos.° No como las músicas de las películas de locos, que suenan ahuecadas.° Los acordes no formaban melodías. Eran sonidos aislados° sin relación
55   alguna entre unos y otros.

Volví a ver a mis compañeros. La discusión proseguía. El sudor me cubrió. Casi sin voz, intenté hablar. No me oyeron. Prendido de los brazos de la silla hice un esfuerzo.

Pregunté si no habían oído. Me miraron y tornaron a su tema.
60   Nadie sintió el órgano.

Una vez más se abrieron las compuertas.° Nadé en los acordes. Se me derramaron° de la cabeza y me corrieron por el cuerpo. Esta vez le ordené a mi voz que me ayudara. Pregunté en voz alta si habían escuchado. Siete cabezas abanicaron la noche.° Nadie sintió más que°
65   las voces de los otros. ¿Por qué, me dijeron, insistía en escuchar cosas que nadie más oía?

Las uñas se me metieron en las palmas de las manos. Mis oídos se convirtieron en receptores de músicas perdidas. No había duda, sólo yo escuché los acordes inaudibles del órgano que no era. Cual° una
70   serpiente viscosa° se me acercaba la locura. Los dejé a su discusión y me arrastré° hasta aquí. He pensado huir. ¿Adónde puedo ir que no me alcance°? En la pared vi escrita mi determinación de otros años. Sólo puedo librarme acabando conmigo mismo. Es mi único escape. La próxima vez no sabría que las músicas no tienen punto de partida.° No
75   podría resistir las voces de personas que nadie ve.

Acabo de sacar de mi guardarropa la pistola. La he puesto a mi lado. Cuando escribo muy ligero, la siento que me hiela el brazo. El acero°

---

defect

evade

De. . . For sometime now

echaron. . . cast aside
to ponder

turns off

blows with a hammer
hollow
isolated

floodgates

spilled out

Siete. . . Seven people fanned the night. = Seven people denied having heard anything. / **más. . .** just

Just as
sticky
me. . . I dragged myself
que. . . that it does not overtake me

punto. . . starting point

steel

de un arma es muy frío. Es mucho más frío que cualquier otro. Todo está
preparado. Ahora me siento tranquilo. La pistola la mudé a la otra
esquina° del escritorio. Así la puedo ver sin mover la cabeza. Una vez
muerto me agradaría resucitar sólo un instante para escuchar su dictamen.° Sé lo que diría, y esto me consuela. En verdad estoy tan seguro de
que ya no me interesa resucitar. No queda otro camino, lo sé bien.

corner

opinion, judgment

Médico sin rostro, puede hablar de mi caso con sus colegas. ¡Qué
vanidad la mía! Locos como yo no deben ser nada nuevo para usted. Es,
sin embargo, un pensamiento agradable. No puedo pedir menos.
Creerme el único que supo cuándo se volvió loco. Debo irme ya, sospe-
cho que volverán las músicas, o peor aún, las voces. Adiós.

M. H.

Dos disparos partieron la noche. Los que hablaban se quedaron
mudos. Ninguno quiso levantarse el primero. De pronto, todos se
pusieron en pie y corrieron a la casa. En el estudio, la cabeza sobre el
escritorio, y los sesos regados por el secante, yacía.° Una mano sostenía
la carta. Gritos, sollozos y exclamaciones poblaron° el cuarto. La esposa,
echada° en el suelo, intentaba revivir al muerto besándole la otra mano.

la. . . the head was lying
down and the brains were
scattered over the blotter /
filled / lying

Una hora después llegó el juez. La casa estaba llena de gente. Los
vecinos todos acudieron. Cada cual quería ayudar en algo. El magistrado inició el interrogatorio. Unos y otros contestaron. Nadie sabía ni
el motivo ni la hora del hecho. Le tocó el turno a un señor pálido:°

Le. . . It was a pale
gentleman's turn.

—Usted, caballero, ¿a qué hora oyó el tiro?
—No lo oí, señor. Vivo enfrente, pero estaba probando un órgano
que compré hoy. No pude escuchar nada.

DESPUES DE LEER

¿Qué pasó?

Conteste las preguntas siguientes.

1. ¿Cuándo tuvo el hombre la alucinación?

2. ¿En qué consistió?

3. ¿Por qué le teme a la locura?

4. ¿Cómo acaba el hombre con su vida?

5. ¿Por qué «el señor pálido» no oyó los disparos?

¿Cierto o falso?

Diga si las oraciones siguientes son ciertas o falsas. En caso de que sean falsas, explique por qué.

1. El hombre le escribe una carta a un psiquiatra y otra a su familia.

2. El le teme a la locura aunque no conoce a ningún loco.

3. Según él, es peor estar loco que sufrir de cáncer o de tuberculosis.

4. El hombre tiene problemas en el trabajo y está preocupado.

5. Cuando tiene la alucinación, piensa por primera vez en suicidarse.

6. La música que él escucha es de órgano.

7. El hombre guardaba la pistola en su escritorio.

8. Los vecinos le dijeron al juez cuándo escucharon los disparos.

En otras palabras

A. ¿Recuerda el sinónimo?   Escoja el número correspondiente.

1. misiva   ____ meditar

2. aterrar   ____ biblioteca

3. dolencia   ____ venir

4. insano   ____ disparo

5. tiro   ____ revólver

6. perder la razón   ____ carta

7. cavilar   ____ dar miedo

8. determinación   ____ arrebatarse

9. pistola   ____ juez

10. magistrado   ____ decisión

11. estudio   ____ enfermedad

12. acudir   ____ preguntas

13. interrogatorio   ____ loco

B. ¿Qué palabra falta?   Complete las oraciones con la palabra adecuada de la lista siguiente, haciendo los cambios que sean necesarios.

arrebatado	estudio	librarse	órgano
aterrarle	guardarropa	locura	sonidos
carta	huir	melodía	tara
doler	jardín		

Un hombre escribe una _____ poco antes de suicidarse. El creía que la _____ era una _____ hereditaria. La idea de volverse loco _____ . Piensa que la única forma de _____ de la enfermedad es la muerte. Un día sale al _____ donde están unos vecinos y escucha unos _____ producidos por un _____ pero que no forman una _____ . Le _____ la cabeza y quiere _____ . Está seguro de que está _____ . Va a su _____ y busca la pistola que tiene en su _____ .

Parecidas pero diferentes

Subraye las palabras entre paréntesis para completar la oración correctamente. Puede consultar el Apéndice A, «Parecidas pero diferentes», en la página 163, si necesita revisar el significado de las palabras.

1. El personaje escribe una (carta/letra) para explicar sus (sentidos/sentimientos) porque tiene miedo de (convertirse en/volverse) loco.

2. El (conocía/sabía) a varios locos y había decidido que no (soportaría/apoyaría) la locura.

3. Un día, mientras unos vecinos hablaban en voz alta en el jardín porque tenían (un argumento/una discusión), él (sintió/se sintió) los acordes de un órgano.

4. El (pidió/preguntó) a los vecinos si los habían oído también pero ellos dijeron que no.

5. El fue el (solo/sólo/único) que oyó el sonido del órgano.

6. Inmediatamente, (salió/dejó) a los vecinos en el jardín y (volvió/devolvió) a su casa porque no (se sentía/sentía) (tranquilo/callado).

7. Decidió no (gastar/perder) más (hora/vez/tiempo) y (darse cuenta de/realizar) su promesa: (tomarse/quitarse) la vida si sospechaba que (dejaba de/salía/dejaba) estar (sano/cuerdo).

8. Los vecinos (salieron/dejaron/dejaron de) hablar cuando oyeron los disparos.

9. Cuando el juez llegó, el muerto (apoyaba/sostenía) la carta en una mano.

10. El juez les (pidió/preguntó/hizo) muchas preguntas a todos.

11. Uno de los vecinos no (se había dado cuenta de/había realizado) nada porque estaba (probando/probándose/tratando) un órgano nuevo esa tarde.

Exprese su opinión

Conteste las preguntas siguientes.

1. ¿Cree usted que el suicidio o el homicidio estén justificados alguna vez? ¿Por qué?

2. ¿Qué opina usted sobre la conducta del hombre que le escribe al psiquiatra?

3. ¿Cómo cree usted que son las relaciones de este hombre con su familia y sus amigos?

4. ¿Cree usted que el hombre se está volviendo loco? ¿Cuál es la razón?

5. ¿Por qué cree usted que el narrador de la última parte sólo incluye las palabras de uno de los vecinos? ¿Qué consecuencias pueden tener en la investigación que realiza el juez?

6. ¿Cree usted que una persona tiene el derecho de quitarse la vida si le parece que la vida es insoportable? ¿Qué opina usted sobre el suicidio con ayuda médica y la eutanasia? Explique su respuesta.

Tema para crear

Imagine que usted es un periodista que llega a la casa del hombre que se ha suicidado para investigar lo que ha sucedido porque tiene que dar la información en el periódico al día siguiente. Use toda la información que tiene y escriba la noticia.

De dos en dos

El narrador de este cuento cuenta la historia de su vida poco antes de morir. ¿Se puede comparar este cuento con «El Aventurero»? ¿Qué tienen en común ambas narraciones? ¿Qué las diferencia? ¿Cuál de los personajes es más trágico? ¿Por qué?

Algo más

En un momento de desesperación, el narrador de este cuento toma una decisión drástica. En el Apéndice C se dan instrucciones para encontrar información en la Red y en el Apéndice D se sugiere un vídeo relacionado con el tema.

8

El forastero y el candelabro de plata

Gastón Suárez
Bolivia

ANTES DE LEER

Vocabulario para la lectura

Estudie las palabras y frases siguientes.

1. **forastero** *stranger, outsider* El acusado era forastero en el pueblo.
2. **salvar** *to save, to rescue* Aquel ladrón podía salvarse.
3. **reanudar** *to resume* Podía quedar libre y reanudar su camino.
4. **escalofrío** *shiver* El hombre sintió un raro aunque ligero escalofrío.
5. **comisario** *police inspector* El comisario tenía una voz desagradable.
6. **en contra de** *against* Ella estaba allí en contra de sus deseos.
7. **preso** *prisoner* La mujer miró al preso con cuidado.
8. **a punto de** (+ infinitivo) *about to (do something)* Estaba a punto de terminar su vestido de novia.
9. **brillo** *sparkle* Sus ojos no habían perdido el brillo.
10. **perdonar** *to forgive* Jesucristo nos manda perdonar.
11. **vergüenza** *shame, embarrassment* Casi se había muerto de vergüenza.
12. **odiar** *to hate* Odiaba a los hombres.
13. **amargura** *bitterness* Allí estaba el causante de su soledad, de su frustración, de su amargura.
14. **aflojarse** *to slacken* El preso sintió aflojarse sus músculos.
15. **suspiro** *sigh* El preso lanzó un suspiro de alivio.
16. **rezar** *to pray* En la noche rezaba el rosario.
17. **al menos** *at least* Si al menos le pidiera perdón.
18. **mariposa** *butterfly* Las palabras del preso salieron disparadas como mariposas.

19. polvo   *dust*   El viento se llevó el polvo.

20. culpar   *to blame*   Culpó al viento de la molestia que sentía en los ojos.

¡Vamos a practicar!

Complete las oraciones con la forma adecuada de las palabras o frases de la lista de vocabulario.

1. Las personas en la iglesia _____ con devoción.

2. Después de la lluvia, los campesinos pudieron _____ su trabajo en el campo.

3. En la primavera es frecuente ver las _____ volando alrededor de las flores.

4. El cambio violento en la temperatura me dio un _____ .

5. Esteban dio un _____ de alivio cuando vio la nota.

6. Muchos legisladores votaron _____ ese plan.

7. Esa casa tiene _____ cien años.

8. Estaba _____ acostarme cuando sonó el teléfono.

9. La anciana pidió ayuda cuando sintió que las piernas _____ .

10. _____ el humo del cigarrillo porque soy alérgico.

11. Tengo que limpiar los muebles pronto porque están cubiertos de _____ .

12. Pablo trabaja en la piscina pero no ha tenido que _____ a nadie todavía.

13. El _____ no pudo _____ al _____ de haber cometido el crimen porque no encontró suficientes pruebas.

14. Aunque es falso, este diamante tiene el _____ de uno genuino.

15. Ricardo tuvo mucha _____ porque en la tienda no aceptaron su tarjeta de crédito.

16. El _____ llevaba un mapa en la mano y lo estudiaba con cuidado.

17. No es fácil _____ a nuestros enemigos.

18. Cuando recibió la mala noticia, la madre lloró con _____ .

Sobre el autor

Gastón Suárez nació en Tupiza, Bolivia, en 1928 y murió en 1984. Abogado de profesión, tuvo ocupaciones muy diversas. Trabajó como periodista, maestro rural, camionero y actor. Como escritor, cultivó el teatro, la novela y el cuento. Es más conocido como cuentista, especialmente por su colección Vigilia para el último viaje (1963). En casi todos los cuentos de este libro, de donde procede el que se incluye en esta antología, se tratan los temas de la injusticia social, la opresión, el engaño y el oportunismo. Sus personajes son gente sencilla, muchas veces marginada, que sufre la soledad y la frustración en silencio.

Usted sabe más de lo que cree

Un aspecto importante que se debe considerar en la lectura es el tiempo. Muchas veces la narración está organizada siguiendo un orden cronológico, es decir, empieza con el primero de los acontecimientos y termina con el último. Otras veces la narración empieza con el último de los acontecimientos y regresa al primero para continuar progresando en orden cronológico hasta terminar donde había empezado.

En el cuento que va a leer a continuación, se combinan el presente y el pasado durante toda la narración. El regreso al pasado, técnica conocida como retrospección **(flashback),** *no se encuentra concentrado o limitado en un momento del cuento, sino que ocurre con interrupciones frecuentes. Escuchar una palabra o ver un objeto pueden ser suficiente para motivar los recuerdos, de igual modo que, una vez que el personaje está instalado en el pasado, escuchar otra palabra puede hacer que vuelva al presente. El lector conoce dos tiempos: el tiempo cronológico, lo vivido por los personajes frente a nosotros, y el tiempo psicológico, lo recordado por los personajes. Según vaya leyendo, subraye la información relacionada con el pasado de los personajes en conflicto y explique lo que motivó el regreso al pasado. Aproximadamente, ¿cuánto cree usted que dura el tiempo cronológico de este cuento? ¿Cuánto dura el tiempo psicológico? En la sección* **¿Cuándo pasó?** *(p. 75) podrá organizar los hechos como debieron haber ocurrido en la realidad.*

Preguntas de orientación

Las preguntas siguientes le ayudarán a comprender mejor el cuento.

1. ¿Qué dificultades puede tener un forastero en un pueblo donde nadie lo conoce si hay algún problema?

2. Por lo general, ¿cómo es el interior de las iglesias católicas?

3. Tradicionalmente, ¿cuál debía ser el objetivo de una mujer?

Preguntas de anticipación

Piense en las preguntas siguientes mientras lee el cuento.

1. ¿Qué acusación existe contra el forastero?

2. ¿Por qué la policía llama a Zenaida a la oficina del comisario?

3. ¿Ayuda ella al forastero? ¿Por qué?

El forastero y el candelabro de plata

Aquel ladrón podía salvarse. Dependía, únicamente, de lo que ella dijera. Una de las dos palabras: sí o no. Estaba en sus manos.° Con sólo decir sí, aquel hombre, cuya mirada tenía destellos° irónicos y expectantes al mismo tiempo, podía quedar libre y reanudar su
5 camino, irse por donde había venido°. . . o quién sabe. . . tal vez. . . por esos misterios de la vida. . . ella y él. . .

—¿Lo conoce usted?

Sintió un raro aunque ligero escalofrío. Le pareció que la voz cascada,° desagradable del comisario, estaba de acuerdo con° la
10 pobreza de la habitación: apenas la mesa y la silla y en una de las paredes de revoque agrietado,° lo único llamativo°: un almanaque pasado° que mostraba la figura, en colores, de una mujer semidesnuda. Una mujer joven y hermosa, de muslos bien torneados y senos altaneros. La mirada del comisario, del preso y de los agentes que lo sujetaban,
15 aumentó súbitamente su angustia. Tuvo deseos de estar lejos, con sus alumnos, paseando por el campo, extasiándose con el azul límpido del cielo. Empero,° ella estaba allí, en contra de su voluntad,° para decidir

Estaba. . . It was up to her.

sparkles

irse. . . to leave the same way he came

harsh / **estaba. . .** was in agreement with

revoque. . . cracked stucco / **lo. . .** the only flashy thing / **un. . .** an outdated calendar

Nevertheless / will

sobre el destino de aquel hombre que ahora, le sonreía, con un extraño rictus° en los labios.

20   —Disculpe usted, pero dice que son viejos conocidos. . . que puede garantizar por él. . .°

Sí, eran viejos conocidos. Su nariz filuda° marcó la dirección de su rostro. Miró la figura del almanaque. Ella había sido así, joven, bonita, llena de ilusiones. Hacía muchos años, era verdad. Pero ella era
25   así. Aunque un poquitín más delgada. Sus ojos se achicaron al dirigirlos° al preso. Este era el que la había sumido° en el mundo en el que ahora vivía. Solitaria solterona que volcaba° todo su amor maternal en los niños de su escuela. Este era el hombre que había hecho subir el rubor° a sus mejillas y le había arrancado las palabras que guardaba
30   como un gran tesoro. ¡Sí, te amo! ¡Acepto ser tu esposa! Este era aquel que la dejó con los crespos hechos° y el vestido de novia a punto de terminar.

—Se perdió el candelabro de plata de la capilla. . . y él es forastero en el pueblo. . . pero, si usted lo conoce. . .

35   Sí, claro que lo conocía, Y tanto.° Había encerrado sus sentimientos en una fortaleza y nunca más, ningún hombre logró hacerla sonrojar. Y allí estaba ahora el causante de su misantropía, de su miedo. ¡Pobre, parecía haber caminado mucho! Jesucristo nos manda perdonar. Estaba tan viejo. Pero sus ojos no habían perdido el brillo y
40   sus labios, ahora recordaba bien, tenían el mismo rictus. Sí, lo conocía y con sólo decirlo en voz alta, podía salvarlo.

—Si no confiesa, nosotros tenemos nuestro modito. . . y hacemos hablar hasta a los mudos. . .

Jesucristo nos manda perdonar. Miró el almanaque. Ella era así,
45   joven, bonita, llena de ilusiones. Había soñado tener su casita, sus tres hijos, su jardincito. . . Jesucristo nos manda perdonar. . . Pero, cuánto había sufrido allí, en su pueblo natal.° Todos se habían reído de ella. Casi se había muerto de vergüenza. Tuvo que aceptar el puesto de profesora rural. Amaba a los niños. Odiaba a los hombres. Allí estaba el
50   causante de su soledad, de su frustración, de su amargura. Pero, podía salvarlo. Jesucrito nos manda perdonar. . .

—Sí. . .

El preso sintió aflojarse sus músculos y lanzó un suspiro de alivio. Los agentes de rostro mongólico abrieron las tenazas de sus
55   manos dejando libres los brazos del forastero.

—En ese caso. . .

°grin

puede. . . you can vouch for him / sharp

al. . . upon turning them / **había.** . . had plunged

turned over

flush

la. . . jilted her

Y. . . And how!

pueblo. . . hometown

Jesucristo nos manda perdonar. Pero cuánto había sufrido. Ya no
tenía lágrimas. Su única diversión eran los niños de la escuela, durante
el día. En la noche rezaba el rosario y hacía flores de papel que vendía
60 a los campesinos de la región. Allí estaba el que la condenó a esa clase
de vida, en la que todos los días, grises, color ceniza,° la dejaban   ash
medrosa,° melancólica, poblada la mente de pensamientos sombríos,   frightened
dilacerantes.° Allí estaba el ladrón de sus ilusiones, de su felicidad   harmful
soñada. . . Si al menos se arrepintiera y le pidiera que le perdonara y le
65 dijera que es tiempo todavía. . . si al menos. . . Pero, no, ya todo es
tarde. Miró a la mujer semidesnuda. Ella había sido así. Ahora. . . ahora
él estaba viejo, cansado de tanto caminar, pero con el mismo brillo en
los ojos y el mismo rictus en los labios. . .
    —Si lo conoce. . .
70   —¡Sí, lo conozco! ¡Es un ladrón!
    Las tenazas de las manos de los agentes se volvieron a cerrar°   **se. . .** closed again
con fuerza en las muñecas y brazos del preso. Una brisa fría rondó por
el cuarto de revoque agrietado y movió el almanaque.
    El comisario y los agentes esbozaron una extraña sonrisa.
75   —¡Zenaida! ¡Perdóname! ¡He venido a pedirte que seas mi
esposa!
    Las palabras del preso salieron disparadas como livianas mari-
posas que se fueron a estrellar en su nuca° y el polvo dorado de sus alas nape (of neck)
se lo llevó° el viento.   **se. . .** was carried away by
80   Ya era tarde.
    Camino a su escuela, también culpó al viento de la molestia que
sentía en los ojos. No eran lágrimas. No, no. Era el viento. En los
muchos años que llevaba en aquellas regiones, el viento le producía un
dolor en el corazón y le irritaba los ojos. No eran lágrimas. Si ella
85 nunca lloraba. Era el viento. . . el viento. . .

DESPUES DE LEER

¿Qué pasó?

Conteste las preguntas siguientes.

1. ¿Cómo era la oficina del comisario? ¿Qué había allí?

2. ¿Qué relación había existido entre la mujer y el acusado?

3. ¿Qué hizo la mujer cuando él la abandonó?

4. ¿Cuál fue la reacción de la gente del pueblo?

5. ¿Cuáles eran las actividades de la mujer?

6. ¿Cómo reacciona el hombre después de que Zenaida lo identifica?

¿Cuándo pasó?

Enumere las acciones siguientes en orden cronológico, como debieron haber ocurrido en la realidad.

___ Zenaida reconoce al forastero porque había sido su novio.

___ El candelabro de plata se perdió.

___ El comisario le pregunta a Zenaida si conoce al forastero.

___ Zenaida era una maestra rural.

___ Zenaida va a la oficina del comisario.

___ El forastero le pide perdón a Zenaida pero ella no lo escucha.

___ Zenaida nunca se casó porque el novio la abandonó.

___ La policía sospecha del forastero.

___ Zenaida dice que sabe que el forastero es un ladrón.

___ El forastero dice que Zenaida lo conoce.

En otras palabras

A. ¿Recuerda el sinónimo?   Escoja el número correspondiente.

1. habitación   ___ cara

2. almanaque   ___ temor

3. rostro   ___ brillo

4. alumno   ___ trabajo

5. destello   ___ cuarto

6. miedo   ___ calendario

7. puesto   ___ estudiante

B. ¿Recuerda el antónimo?   Escoja el número correspondiente.

1. salvarse   ___ vestida

2. vender   ___ cerrar

3. pobreza   ___ baja

4. tarde   ___ cerca

5. amar   ___ gorda

6. lejos   ___ riqueza

7. desnuda   ___ odiar

8. delgada   ___ tristeza

9. terminar   ___ temprano

10. alta   ___ empezar

11. felicidad   ___ comprar

12. abrir   ___ condenarse

C. ¿Qué palabra falta?   Complete las oraciones con la palabra adecuada de la lista siguiente, haciendo los cambios que sean necesarios.

aflojarse	capilla	ladrón	salvar
al menos	comisario	odiar	suspiro
a punto de	escalofrío	perdonar	vergüenza
candelabro	forastero		

El _____ llamó a Zenaida a su oficina porque quería que identificara a un _____ . Este decía que en el pueblo _____ ella lo conocía. La policía sospechaba que él era el _____ de un _____ de la _____ . Cuando Zenaida lo vio, sintió _____ porque él la había abandonado cuando estaban _____ casarse. Ella sabía que lo debía _____ pero lo _____ porque no podía olvidar la _____ que le causó entonces. El forastero dio un _____ cuando ella dijo que lo conocía. Sus músculos tensos _____ porque creyó que Zenaida lo iba a _____ , pero ella no lo ayudó.

Parecidas pero diferentes

Subraye las palabras entre paréntesis para completar la oración correctamente. Puede consultar el Apéndice A, «Parecidas pero diferentes», en la página 163, si necesita revisar el significado de las palabras.

1. El comisario le (preguntó/pidió) a Zenaida si ella (sabía/conocía) al (forastero/extraño).

2. En la iglesia (faltaba/perdía) el candelabro y el hombre (se parecía/parecía) ser el responsable.

3. Aunque él estaba (antiguo/viejo), ella pudo identificarlo: él era la (persona misma/misma persona) a quien ella (una vez/un tiempo) había amado.

4. Ella recordó sus (sentimientos/sentidos) cuando él la abandonó.

5. Ella (soñaba/dormía) con tener una casa, tres hijos y un jardín, pero después de que él la (dejó/salió), ella aceptó (un puesto/una posición) de profesora rural y vivía (sola/única).

6. Cuando ella comenzó a identificar al hombre, él (se sintió/sintió) (libre/gratis).

7. Pensó que podría (resumir/reanudar) su camino sin problemas.

8. En realidad, ella no lo ayudó porque (sólo/único) confirmó que él era un ladrón.

Exprese su opinión

Conteste las preguntas siguientes.

1. ¿Por qué cree usted que Zenaida no se casó nunca? ¿Lo hizo bien? Explique su respuesta.

2. ¿Cree usted que el forastero se robó el candelabro? Explique su respuesta.

3. ¿Cómo será la vida de Zenaida después de su reencuentro con el hombre que la abandonó?

4. ¿Cree usted que el forastero es sincero cuando le pide perdón a Zenaida? Explique su respuesta.

5. ¿Cuál es el conflicto que hay en la mente de Zenaida? Al final, ¿qué triunfa? ¿Por qué? ¿Qué habría hecho usted?

6. ¿Qué opina usted sobre las mujeres o los hombres que adoptan hijos sin casarse? Explique su respuesta.

Tema para crear

¿Por qué el forastero le causó la infelicidad a Zenaida? ¿Es todavía hoy día el matrimonio la única forma que tiene una mujer para lograr la felicidad y el respeto en la sociedad? Escriba una composición para explicar su respuesta.

De dos en dos

Tanto en este cuento como en «Los pocillos» una mujer toma una decisión que afecta su vida. ¿Qué opina usted sobre la conducta de estas mujeres? ¿Qué las motiva? ¿Se puede explicar lo que hacen? ¿Por qué? ¿Con quién está usted de acuerdo? ¿Por qué?

Algo más

La protagonista de este cuento no puede olvidar el sufrimiento que un hombre le causó en la vida. En el Apéndice C se dan instrucciones para encontrar información en la Red y en el Apéndice D se sugiere un vídeo relacionado con el tema.

9

Espuma y nada más

Hernando Téllez
Colombia

ANTES DE LEER

Vocabulario para la lectura

Estudie las palabras y frases siguientes.

1. **espuma**   *lather, foam*   Pronto subió la espuma.
2. **saludar**   *to greet, to say hello*   No saludó al entrar.
3. **navaja**   *razor, blade*   Es la mejor de mis navajas.
4. **temblar (ie)**   *to shake*   Cuando lo reconocí me puse a temblar.
5. **tibio/a**   *lukewarm*   Mezclé un poco de agua tibia y con la brocha empecé a revolver.
6. **esmero**   *care*   Tendría que afeitar esa barba con cuidado, con esmero.
7. **brotar**   *to spring, to bud, to gush out*   Tendría que afeitar esa barba cuidando de que ni por un solo poro fuese a brotar una gota de sangre.
8. **piel (la)**   *skin*   Se pasó la mano por la piel y la sintió fresca y nuevecita.
9. **orgulloso/a**   *proud*   El barbero se sentía orgulloso de su oficio.
10. **espejo**   *mirror*   Por el espejo, miré hacia la calle.
11. **víveres (los)**   *groceries*   Vi la tienda de víveres y en ella dos o tres compradores.
12. **quedarle bien**   *to look good on someone*   Debía dejarse crecer una barba porque le quedaría bien.
13. **barbilla**   *chin*   Un poco más de jabón, bajo la barbilla.
14. **perseguir (like seguir)**   *to chase*   Me perseguirían hasta encontrarme.
15. **degollar (ue)**   *to cut someone's throat*   Lo degolló mientras le afeitaba la barba.
16. **cobardía**   *cowardice*   Todos dirían que había sido una cobardía.
17. **verdugo**   *executioner*   Usted es verdugo y yo no soy más que un barbero.
18. **incorporarse**   *to sit up*   El hombre se incorporó para mirarse en el espejo.
19. **comprobar (ue)**   *to confirm*   Vine para comprobarlo.

¡Vamos a practicar!

Complete las oraciones con la forma adecuada de las palabras o frases de la lista de vocabulario.

1. Sus padres están muy _____ de él porque saca buenas notas en todas las clases.

2. Mi perro siempre _____ al gato de mi vecino.

3. Puedes llamarlo si deseas _____ la información.

4. Cuando el niño vio al médico, empezó a _____ .

5. En la primavera, las hojas empiezan a _____ gradualmente.

6. Durante la Revolución francesa, los revolucionarios _____ a muchos aristócratas.

7. Marta tiene muchos clientes porque los atiende con _____ .

8. _____ a todos los invitados aunque no conocía a algunos.

9. Raúl se cayó cuando iba corriendo y se dio un golpe en la _____ .

10. Mi padre todavía prepara _____ con jabón y usa una _____ para afeitarse la barba en lugar de usar una máquina.

11. Cuando anuncian una tormenta, algunas personas corren a la tienda y compran _____ en exceso.

12. El bebé se sorprendió cuando vio su imagen reflejada en el _____ .

13. Pedro piensa que la acusación de Félix fue un acto de _____ .

14. Como consecuencia del accidente, le resulta difícil _____ después de estar sentado por mucho tiempo.

15. Tomar el sol sin protección es peligroso para la _____ .

16. No me gusta beber agua cuando está _____ .

17. El _____ lleva una máscara negra que le cubre la cara.

18. Prefiero el vestido azul porque el azul es un color que _____ .

Sobre el autor

Hernando Téllez nació en Bogotá, Colombia, en 1908 y murió en 1966. Escribió ensayos, artículos periodísticos y un libro de cuentos, Cenizas para el viento y otras historias *(1950). Participó en la política y ocupó puestos diplomáticos. Un tema sobresaliente de sus cuentos, que es evidente en el cuento seleccionado, es el conflicto interno del ser humano. A menudo éste es consecuencia del ambiente político. En 1946 el candidato conservador ganó las elecciones presidenciales, pero los liberales mantuvieron la mayoría en el Congreso. El asesinato del líder liberal Jorge Eliécer Gaitán, en 1948, provocó la reacción violenta del pueblo, conocida como «el bogotazo», lo cual produjo una reacción opresiva por parte del gobierno. Se inició entonces un período conocido como «la violencia», de guerra civil, asesinatos e inestabilidad política. Este es el trasfondo del cuento seleccionado.*

Usted sabe más de lo que cree

En el cuento siguiente, uno de los dos personajes es el narrador. Toda la información que usted tiene le llega a través de él. Sabe todo lo que el narrador hace, lo que ve, lo que oye, lo que sabe y hasta lo que siente y lo que está pensando. Es como si tuviera el privilegio de entrar en la conciencia de este individuo para observarlo todo desde allí, al mismo tiempo que escucha la conversación que él tiene consigo mismo, su monólogo interior. Puede enterarse de sus pensamientos, sus recuerdos y sus emociones en el momento mismo en que se producen. A veces esta información aparece mezclada, interrumpida, incompleta, no tiene lógica ni obedece las reglas gramaticales. Identifique al narrador del cuento y busque aquellos segmentos de la narración que se refieren a sus acciones y aquellos que se refieren a sus emociones, sus recuerdos y sus pensamientos. ¿Qué información tiene usted que el otro personaje del cuento no tiene?

Preguntas de orientación

Las preguntas siguientes le ayudarán a comprender mejor el cuento.

1. ¿Quiénes luchan en una guerra civil?

2. ¿Qué características debe tener un capitán del ejército para ser considerado profesional? ¿Y un barbero?

3. ¿Cómo obtienen información los revolucionarios clandestinos?

Preguntas de anticipación

Piense en las preguntas siguientes mientras lee el cuento.

1. ¿Qué relación existe entre el barbero y el capitán Torres? ¿Tienen las mismas ideas políticas?

2. ¿Cuál es el dilema del barbero mientras afeita al capitán Torres?

3. En realidad, ¿para qué fue el capitán Torres a la barbería?

Espuma y nada más

No saludó al entrar. Yo estaba repasando° sobre una badana° la mejor de mis navajas. Y cuando lo reconocí me puse a temblar. Pero él no se dio cuenta. Para disimular continué repasando la hoja. La probé luego contra la yema del dedo° gordo y volví a mirarla, contra la luz.
5 En ese instante se quitaba el cinturón ribeteado° de balas de donde pendía° la funda de la pistola. Lo colgó de uno de los clavos° del ropero y encima colocó el kepis.° Volvió completamente el cuerpo para hablarme y deshaciendo el nudo° de la corbata, me dijo: «Hace un calor de todos los demonios. Aféiteme.» Y se sentó en la silla. Le cal-
10 culé cuatro días de barba. Los cuatro días de la última excursión en busca de los nuestros. El rostro aparecía quemado, curtido por el sol. Me puse a preparar minuciosamente el jabón. Corté unas rebanadas° de la pasta, dejándolas caer en el recipiente, mezclé un poco de agua tibia y con la brocha empecé a revolver. Pronto subió la espuma. «Los
15 muchachos de la tropa deben tener tanta barba como yo.» Seguí batiendo° la espuma. «Pero nos fue bien, ¿sabe? Pescamos° a los prin-

Glossary (right margin):

polishing, stropping / sheepskin

yema... fingertip
trimmed
was hanging / nails
military cap
knot

slices

whipping / We caught

cipales. Unos vienen muertos y otros todavía viven. Pero pronto estarán todos muertos.» «¿Cuántos cogieron?», pregunté. «Catorce. Tuvimos que internarnos bastante para dar con° ellos. Pero ya la están

20   pagando. Y no se salvará ni uno, ni uno.» Se echó para atrás° en la silla al verme con la brocha en la mano, rebosante de espuma. Faltaba ponerle la sábana.° Ciertamente yo estaba aturdido.° Extraje del cajón una sábana y la anudé al cuello de mi cliente. El no cesaba de hablar. Suponía que yo era uno de los partidarios del orden. «El pueblo habrá

25   escarmentado° con lo del otro día», dijo. «Sí», repuse mientras concluía de hacer el nudo sobre la oscura nuca, olorosa a sudor. «¿Estuvo bueno, verdad?» «Muy bueno», contesté mientras regresaba a la brocha. El hombre cerró los ojos con un gesto de fatiga y esperó así la fresca caricia del jabón. Jamás lo había tenido tan cerca de mí. El día

30   en que ordenó que el pueblo desfilara por el patio de la Escuela para ver a los cuatro rebeldes allí colgados, me crucé con él un instante. Pero el espectáculo de los cuerpos mutilados me impedía fijarme en el rostro del hombre que lo dirigía todo y que ahora iba a tomar en mis manos. No era un rostro desagradable, ciertamente. Y la barba, enveje-

35   ciéndolo un poco, no le caía mal. Se llamaba Torres. El capitán Torres. Un hombre con imaginación, porque ¿a quién se le había ocurrido antes colgar a los rebeldes desnudos y luego ensayar sobre determinados sitios del cuerpo una mutilación a bala? Empecé a extender la primera capa° de jabón. El seguía con los ojos cerrados. «De buena

40   gana me iría a dormir un poco», dijo, «pero esta tarde hay mucho que hacer.» Retiré la brocha y pregunté con aire falsamente desinteresado: «¿Fusilamiento?» «Algo por el estilo, pero más lento», respondió. «¿Todos?» «No. Unos cuantos apenas.» Reanudé, de nuevo, la tarea de enjabonar la barba. Otra vez me temblaban las manos. El hombre no

45   podía darse cuenta de ello y ésa era mi ventaja. Pero yo hubiera querido que él no viniera. Probablemente muchos de los nuestros lo habrían visto entrar. Y el enemigo en la casa impone condiciones. Y tendría que afeitar esa barba como cualquiera otra, con cuidado, con esmero, como la de un buen parroquiano,° cuidando de que ni por un

50   solo poro fuese a brotar una gota de sangre. Cuidando de que en los pequeños remolinos° no se desviara la hoja. Cuidando de que la piel quedara limpia, templada,° pulida,° y de que al pasar el dorso de mi mano por ella, sintiera la superficie sin un pelo. Sí. Yo era un revolucionario clandestino, pero era también un barbero de conciencia,

55   orgulloso de la pulcritud en su oficio. Y esa barba de cuatro días se prestaba° para una buena faena.°

dar. . . to find

Se. . . He leaned back

sheet / stunned

El. . . The people must have learned a lesson

layer

regular customer

swirls

bright / shiny

se. . . was suitable / job

Tomé la navaja, levanté en ángulo obtuso las dos cachas,° dejé
libre la hoja y empecé la tarea, de una de las patillas° hacia abajo. La
hoja respondía a la perfección. El pelo se presentaba indócil y duro, no
60 muy crecido, pero compacto. La piel iba apareciendo poco a poco. Sonaba la hoja con su ruido característico, y sobre ella crecían los gru-
mos° de jabón mezclados con trocitos de pelo. Hice una pausa para
limpiarla, tomé la badana de nuevo y me puse a asentar el acero,
porque yo soy un barbero que hace bien sus cosas. El hombre, que
65 había mantenido los ojos cerrados, los abrió, sacó una de las manos
por encima de la sábana, se palpó la zona del rostro que empezaba a
quedar libre de jabón, y me dijo: «Venga usted a las seis, esta tarde, a la
Escuela.» «¿Lo mismo del otro día?», le pregunté horrorizado. «Puede
que resulte mejor», respondió. «¿Qué piensa usted hacer?» «No sé
70 todavía. Pero nos divertiremos.» Otra vez se echó hacia atrás y cerró
los ojos. Yo me acerqué con la navaja en alto. «¿Piensa castigarlos a
todos?», aventuré tímidamente. «A todos.» El jabón se secaba sobre la
cara. Debía apresurarme. Por el espejo, miré hacia la calle. Lo mismo
de siempre: la tienda de víveres y en ella dos o tres compradores. Luego
75 miré el reloj: las dos y veinte de la tarde. La navaja seguía descen-
diendo. Ahora de la otra patilla hacia abajo. Una barba azul, cerrada.
Debía dejársela crecer como algunos poetas o como algunos sacerdotes.° Le quedaría bien. Muchos no lo reconocerían. Y mejor para él,
pensé, mientras trataba de pulir suavemente todo el sector del cuello.
80 Porque allí sí que debía manejar con habilidad la hoja, pues el pelo,
aunque en agraz,° se enredaba° en pequeños remolinos. Una barba
crespa.° Los poros podían abrirse, diminutos, y soltar su perla de sangre. Un buen barbero como yo finca su orgullo° en que eso no ocurra a
ningún cliente. Y éste era un cliente de calidad. ¿A cuántos de los nues-
85 tros había ordenado matar? ¿A cuántos de los nuestros había ordenado
que los mutilaran? Mejor no pensarlo. Torres no sabía que yo era su
enemigo. No lo sabía él ni lo sabían los demás. Se trataba de un secreto
entre muy pocos, precisamente para que yo pudiese informar a los revolucionarios de lo que Torres estaba haciendo en el pueblo y de lo que
90 proyectaba hacer cada vez que emprendía una excursión para cazar
revolucionarios. Iba a ser, pues, muy difícil explicar que yo lo tuve
entre mis manos y lo dejé ir tranquilamente, vivo y afeitado.

La barba le había desaparecido casi completamente. Parecía más
joven, con menos años de los que llevaba a cuestas cuando entró. Y
95 supongo que eso ocurre siempre con los hombres que entran y salen
de las peluquerías. Bajo el golpe de mi navaja Torres rejuvenecía, sí,

levanté. . . I opened the
two handles (of the knife)
into a wide angle /
sideburns

clusters

priests

en. . . prematurely / **se. . .**
was getting entangled
curly
finca. . . takes pride

porque yo soy un buen barbero, el mejor de este pueblo, lo digo sin
vanidad. Un poco más de jabón, aquí, bajo la barbilla, sobre la manzana, sobre esta gran vena. ¡Qué calor! Torres debe estar sudando
100 como yo. Pero él no tiene miedo. Es un hombre sereno, que ni siquiera
piensa en lo que ha de hacer esta tarde con los prisioneros. En cambio
yo, con esta navaja entre las manos, puliendo y cuidando todo golpe,
no puedo pensar serenamente. Maldita° la hora en que vino, porque yo   Damned
soy un revolucionario pero no soy un asesino. Y tan fácil como resul-
105 taría matarlo. Y lo merece. ¿Lo merece? ¡No, qué diablos! Nadie merece
que los demás hagan el sacrificio de convertirse en asesinos. ¿Qué se
gana con ello? Pues nada. Vienen otros y otros y los primeros matan a
los segundos y éstos a los terceros y siguen y siguen hasta que todo es
un mar de sangre. Yo podría cortar este cuello, así, ¡zas!, ¡zas! No le
110 daría tiempo de quejarse y como tiene los ojos cerrados no vería ni el
brillo de la navaja ni el brillo de mis ojos. Pero estoy temblando como
un verdadero asesino. De ese cuello brotaría un chorro de sangre sobre
la sábana, sobre la silla, sobre mis manos, sobre el suelo. Tendría que
cerrar la puerta. Y la sangre seguiría corriendo por el piso, tibia,
115 imborrable, incontenible, hasta la calle, como un pequeño arroyo
escarlata. Estoy seguro de que un golpe fuerte, una honda incisión, le
evitaría todo dolor. No sufriría. ¿Y qué hacer con el cuerpo? ¿Dónde
ocultarlo? Yo tendría que huir, dejar estas cosas, refugiarme lejos, bien
lejos. Pero me perseguirían hasta dar conmigo. «El asesino del capitán
120 Torres. Lo degolló mientras le afeitaba la barba. Una cobardía.» Y por
otro lado: «El vengador° de los nuestros. Un nombre para recordar   avenger
(aquí mi nombre). Era el barbero del pueblo. Nadie sabía que él
defendía nuestra causa. . .» ¿Y qué? ¿Asesino o héroe? Del filo de esta
navaja depende mi destino. Puedo inclinar un poco más la mano, apo-
125 yar un poco más la hoja, hundirla. La piel cederá como la seda,° como   silk
el caucho,° como badana. No hay nada más tierno que la piel del hom-   rubber
bre y la sangre siempre está ahí, lista a brotar. Una navaja como ésta no
traiciona. Es la mejor de mis navajas. Pero yo no quiero ser asesino, no
señor. Usted vino para que yo lo afeitara. Y cumplo honradamente con
130 mi trabajo. . . No quiero mancharme de sangre. De espuma y nada
más. Usted es verdugo y yo no soy más que un barbero. Y cada cual en
su puesto. Eso es. Cada cual en su puesto.

    La barba había quedado limpia, pulida y templada. El hombre se
incorporó para mirarse en el espejo. Se pasó las manos por la piel y la
sintió fresca y nuevecita.

135   «Gracias», dijo. Se dirigió al ropero en busca del cinturón, de la
pistola y del kepis. Yo debía estar muy pálido y sentía la camisa empa-
pada.° Torres concluyó de ajustar la hebilla,° rectificó la posición de la   soaked / buckle
pistola en la funda y luego de alisarse° maquinalmente los cabellos, se   smoothing
puso el kepis. Del bolsillo del pantalón extrajo unas monedas para
140   pagarme el importe del servicio. Y empezó a caminar hacia la puerta.
En el umbral° se detuvo un segundo y volviéndose me dijo: threshold
         «Me habían dicho que usted me mataría. Vine para comprobarlo.
Pero matar no es fácil. Yo sé por qué se lo digo.» Y siguió calle abajo.

145   ████████████████████████████████

DESPUES DE LEER

¿Qué pasó?

Conteste las preguntas siguientes.

1. ¿Por qué tenía tanta barba el capitán?
2. ¿Por qué cree el barbero que el capitán supone que él está de acuerdo con las cosas que hace?
3. ¿Por qué dice el barbero que el capitán es un hombre de imaginación?
4. ¿Por qué pocas personas sabían que el barbero era uno de los revolucionarios?
5. ¿Por qué decide el barbero no matar al capitán?
6. ¿Tenía razón el barbero cuando pensaba que el capitán no sabía que él era uno de los revolucionarios? ¿Por qué?

¿Cierto o falso?

Diga si las oraciones siguientes son ciertas o falsas. En caso de que sean falsas, explique por qué.

1. El capitán capturó a catorce revolucionarios en la última misión.
2. El capitán llega a la barbería temprano por la mañana.
3. El barbero siente mucho calor mientras afeita al capitán.
4. El barbero teme que otros revolucionarios sepan que el capitán está en la barbería.
5. El opina que la barba no le queda bien al capitán porque lo envejece.

6. Después de que el barbero lo afeita, el capitán dice que va a dormir porque está muy cansado.

7. El barbero piensa que todo el mundo lo consideraría un héroe si él matara al capitán.

8. Para el barbero, es más importante ser revolucionario que ser barbero.

En otras palabras

A. Vocabulario especial   Haga una lista del vocabulario asociado con el trabajo de cada personaje. Mencione por lo menos diez palabras para cada uno.

B. ¿Recuerda el sinónimo?   Escoja el número correspondiente.

1. pender   ____ cuidado

2. dar con   ____ cansancio

3. aturdido   ____ roja

4. fatiga   ____ trabajo

5. esmero   ____ brillosa

6. faena   ____ encontrar

7. pulida   ____ sorprendido

8. escarlata   ____ colgar

C. ¿Qué palabra falta?   Complete las oraciones con la palabra adecuada de la lista siguiente, haciendo los cambios que sean necesarios.

afeitar	enemigos	mancharse	perseguir
barba	esmero	mutilar	piel
cliente	espuma	navaja	temblar
degollar	informar	peluquería	verdugo

Cuando este _____ entró en la _____ , el barbero _____ .

La _____ le cubría la _____ al hombre y el barbero lo _____ con

_____ . El podía usar la _____ para _____ al capitán porque eran

_____ . El barbero les _____ a los rebeldes sobre los planes de los solda-

dos. El capitán los _____ y, como _____ , después _____ sus

cuerpos. El barbero no _____ de sangre sino de _____ .

Parecidas pero diferentes

Subraye las palabras entre paréntesis para completar la oración correctamente. Puede consultar el Apéndice A, «Parecidas pero diferentes», en la página 163, si necesita revisar el significado de las palabras.

1. (Desde/Porque/Como) hacía cuatro días que no se afeitaba, el capitán tenía la barba compacta y necesitaba afeitarse.

2. Cuando el capitán entró, el barbero estaba (sólo/solo) en la barbería.

3. Muy seguro de sí mismo, el capitán (tomó/se quitó) el cinturón donde (tomaba/llevaba) la pistola.

4. Con la barba, el capitán (miraba/aparecía/parecía) un poeta.

5. El barbero (tomó/llevó) la navaja con mucho cuidado.

6. El era un barbero orgulloso y por esa razón (se aplicó en/aplicó/solicitó) su (trabajo/posición).

7. Además, el capitán era un cliente que él necesitaba (asistir/atender) con cuidado.

8. El capitán no era un (extranjero/extraño/desconocido) para el barbero.

9. (Una vez/Un tiempo) él había visto las torturas que (solo/sólo) un hombre como el capitán podía planear.

10. El barbero no (apoyaba/mantenía) las crueldades del capitán, (pero/sino/sino que) estaba seguro de que el capitán no sospechaba de él.

11. Después de pasar la navaja, la piel del capitán comenzaba a estar (gratis/libre) de barba.

12. Aunque (se sentía/sentía) muy nervioso, pensaba que el capitán no (se daba cuenta de/realizaba) eso.

13. El capitán no (dejaba de/paraba) hablar.

14. (Tenía sueño/Dormía) y quería (soñar/dormir) porque estaba muy cansado.

15. Le dijo al barbero que no debía (extrañar/perder) el espectáculo que había planeado para los revolucionarios.

16. El capitán no recibió el servicio (gratis/libre).

17. Antes de marcharse, el capitán le dijo al barbero que (sabía/conocía) que era su enemigo político.

18. El barbero no quiso (volverse/ponerse/convertirse en) un asesino.

Exprese su opinión

Conteste las preguntas siguientes.

1. Compare a los dos personajes del cuento física y psicológicamente.

2. Según el capitán, «matar no es fácil». ¿Qué opina usted?

3. ¿Cuáles son las razones que el barbero se da a sí mismo para no matar al capitán? ¿Está usted de acuerdo? ¿Qué piensa usted de él?

4. ¿Por qué cree usted que toda la conversación del capitán está relacionada con su persecución de los rebeldes?

5. ¿Cuál cree usted que es el propósito del autor del cuento al presentarnos esta situación?

6. ¿Son los presos políticos diferentes de otros delincuentes? ¿Por qué? ¿Cree usted que el gobierno de otros países debe intervenir para pedir su libertad? Explique su respuesta.

Tema para crear

¿Cuál sería la reacción de las personas del pueblo cuando vieron al capitán salir afeitado de la peluquería? ¿Qué les diría el barbero? ¿Qué pensarían ellos del barbero? Desarrolle estas respuestas en una composición que sirva como final del cuento.

De dos en dos

Tanto en este cuento como en «Una carta de familia», los protagonistas tienen un conflicto. ¿Cuál es? ¿Por qué se sienten así? ¿Como resuelven el dilema? ¿Por qué? ¿Está de acuerdo con lo que deciden hacer? ¿Por qué? ¿Es posible usar los adjetivos *valiente* y *cobarde* con estos personajes? ¿Por qué?

Algo más

La guerra civil complica la vida diaria de personas que sólo quieren vivir una vida normal. En el Apéndice C se dan instrucciones para encontrar información en la Red y en el Apéndice D se sugieren vídeos relacionados con el tema.

10

Caminos

Ana María Matute
España

ANTES DE LEER

Vocabulario para la lectura

Estudie las palabras y frases siguientes.

1. **aprecio** *esteem*   En el pueblo se les tenía aprecio y algo de lástima porque eran buenos, pobres y estaban solos.
2. **labrar** *to plow*   Labraban una pequeña tierra.
3. **valer la pena** *to be worthwhile*   Valió la pena el sacrificio.
4. **ahorros** *savings*   Los campesinos compraron el caballo con sus ahorros.
5. **cosecha** *harvest*   «Crisantemo» era el fruto de una buena cosecha.
6. **aldea** *village*   En la aldea tenían al juez por hombre rico.
7. **ganado** *cattle*   Tenía más de cien cabezas de ganado y tierras.
8. **lumbre (la)** *fire*   Lo hablaron a la noche junto a la lumbre.
9. **las afueras** *the outskirts*   Los Francisquitos tenían su casa en las afueras, junto a la carretera.
10. **arrugado/a** *wrinkled*   Una mujer les acompañaba, arrugada y descalza, que desde luego no era la madre.
11. **golpe (el)** *blow*   Los niños tenían marcas de golpes.
12. **apretar (ie)** *to tighten, to squeeze*   Barrito apretaba la boca para no llorar.
13. **aguantarse** *to withstand*   El niño, callado, se aguantó el dolor en silencio.
14. **obedecer (obedezco)** *to obey*   Barrito escuchaba a los Francisquitos y obedecía.
15. **leña** *firewood*   Barrito estaba orgulloso de «Crisantemo» cuando lo llevaba a buscar la leña.
16. **cumplir. . . años** *to turn . . . years old*   Barrito cumplió catorce años.
17. **ciego/a** *blind*   Esto se tiene que operar, o quedará ciego.

18. pañuelo   *handkerchief*   Timotea se secó una lágrima con el pañuelo.

19. gastos   *expenses*   Con la operación tendrían muchos gastos.

20. atreverse a   *to dare*   Se miraban uno a otro, sin atreverse a hablar.

¡Vamos a practicar!

Complete las oraciones con la forma adecuada de las palabras o frases de la lista de vocabulario.

1. Si quieres sentirte mejor, debes _____ las órdenes del médico.

2. Mi hermano _____ veinte años ayer.

3. _____ estudiar mucho porque así aprendo más y saco buenas notas.

4. En el invierno compro _____ porque me gusta tener _____ en la chimenea.

5. Muchas personas prefieren vivir en _____ porque allí hay más espacio, menos contaminación y más tranquilidad.

6. Cristóbal _____ la mano cuando saluda.

7. Este año el frío dañó la _____ de naranjas.

8. El cariño es un sentimiento más profundo que el _____ .

9. Cuando comienzan las clases, tenemos muchos _____ porque compramos la ropa y los libros.

10. No _____ a pedirle un favor porque él siempre está de mal humor.

11. En la excursión, visitamos una _____ muy pintoresca.

12. Con mis _____ voy a comprar una bicicleta.

13. Algunos campesinos _____ la tierra con máquinas muy modernas.

14. Los Rivera tienen _____ en su finca.

15. Aunque el dolor era muy fuerte, el soldado _____ los deseos de llorar.

16. Las personas que trabajan al sol sin protección tienen la piel _____ prematuramente.

17. El sistema de escritura Braille que consiste en signos dibujados en relieve les permite a los _____ leer con los dedos.

18. El boxeador murió como consecuencia de los _____ que recibió.

19. Arturo lleva un _____ que combina con su corbata.

Sobre la autora

Ana María Matute nació en Barcelona, España, en 1926. Es tal vez la escritora española que más premios ha recibido, desde que escribió su primera novela cuando tenía veintidós años. Cuando sólo tenía diez años comenzó la guerra civil en su país. La consecuencia inmediata fue la interrupción de sus estudios. Sin embargo, la guerra tuvo un efecto mucho más profundo en ella y con frecuencia está presente en su obra como un tema destacado, como ambiente o como explicación de la conducta de los personajes. También la obra de Matute se distingue por la presencia constante de los niños, víctimas de las circunstancias, en este caso, de la guerra, como ella misma lo fue. La mayor parte de las veces son huérfanos y sufren la pobreza, la crueldad, la soledad y la injusticia de un mundo que todavía no comprenden y que nunca llegarán a comprender. Más dolorosa que la muerte es la pérdida de la ilusión, ocurrida prematuramente, que los convierte en seres tristes y solitarios. Desde 1996 Matute es miembro de la Real Academia Española de la Lengua. Es la tercera mujer en ingresar en esa institución en trescientos años.

Usted sabe más de lo que cree

Al narrador del próximo cuento le preocupa la claridad de su exposición. Observe los siguientes ejemplos tomados del primer párrafo del cuento.

1. «En el pueblo los llamaban los Francisquitos por alguna extraña razón que ya nadie recordaba, pues él se llamaba Damián y ella Timotea». (líneas 1–3)

2. «Se les tenía aprecio y algo de lástima, porque eran buenos, pobres y estaban solos». (líneas 3–4)

El narrador parece anticipar las posibles preguntas del lector y, en la segunda parte de cada ejemplo, le da una razón o una explicación para la declaración de la primera parte. Recuerde este procedimiento mientras lee el cuento y trate de encontrar otros ejemplos en los que el narrador justifica sus afirmaciones o le aclara sus dudas al lector.

Preguntas de orientación

Las preguntas siguientes le ayudarán a comprender mejor el cuento.

1. Por lo general, ¿cuándo se adopta a un niño o a una niña? ¿Hay una edad preferida? ¿Por qué (no)?

2. ¿Qué interés puede tener un campesino en tener un buen caballo? ¿Cuál puede ser su valor en caso de necesidad económica?

3. ¿En qué formas podemos mostrar nuestro afecto hacia otra persona?

Preguntas de anticipación

Piense en las preguntas siguientes mientras lee el cuento.

1. ¿Quién era Barrito y por qué vivía con los Francisquitos?

2. ¿Cuándo y por qué deciden los Francisquitos vender a «Crisantemo»?

3. ¿Qué hace Barrito entonces?

Caminos

En el pueblo los llamaban los Francisquitos, por alguna extraña razón que ya nadie recordaba, pues él se llamaba Damián y ella Timotea. Se les tenía aprecio y algo de lástima, porque eran buenos, pobres y estaban solos. No tenían hijos, por más que ella subió tres veces a la
5   fuente milagrosa,° a beber el agua de la maternidad, e hizo cuatro   *miraculous*
novenas a la santa con el mismo deseo. Labraban una pequeña tierra, detrás del cementerio viejo, que les daba para vivir, y tenían como única fortuna un hermoso caballo rojo, al que llamaban «Crisantemo». Muchas veces, los Francisquitos sonreían mirando a «Crisantemo», y
10 se decían:

—Fue una buena compra, Damián.

—Buena de veras —decía él—. Valió la pena el sacrificio. Sabes, mujer, aunque la tierra no dé más que pa* mal vivir, el «Crisantemo» es siempre un tiro cargado.° Entiendes lo que quiero decir, ¿no?   **es. . .** is a loaded gun

---

*Forma dialectal de *para*.

15   —Sé —respondía ella—. Sé muy bien, Damián. Es un empleo que le dimos a los ahorros.

«Crisantemo» era el fruto de una buena cosecha de centeno.° Nunca pudieron ahorrar, hasta entonces. Cierto que apretaron el cinturón y se privaron° del vino (y hasta el Damián de su tabaco). Pero se
20   tuvo al «Crisantemo», que daba gloria de ver.° Nemesio, el juez, que tenían en la aldea por hombre rico° —más de cien cabezas de ganado y tierras en Pinares, Huesares y Lombardero—, le dijo, señalando la caballería° con el dedo:

—Buen caballo, Francisquito, buen caballo.

25   Alguna proposición tuvo de compra. Pero, aunque la tentación era fuerte —se presentó un invierno duro, dos años después—, los Francisquitos lo pensaron bien y mejor. Lo hablaron a la noche, ya recogidos los platos, junto a la lumbre.

—Que no se vende.

30   —Que no.

Precisamente a la salida de aquel invierno ocurrió lo del muchacho. Ya habían roto los deshielos y empezaba el rosario de caminantes, vagabundos,° cómicos, cantarines y pillos.° Los Francisquitos tenían su casa en las afueras, junto a la carretera. Por allí veían pasar a los
35   caminantes, y con ellos, un buen día, llegaron los de la guitarra, con Barrito.

Barrito era un niño de unos diez años, pequeño y esmirriado,° sucio y lleno de piojos,° como su hermano mayor. Su padre, si lo era, que los Francisquitos nunca lo creyeron (¿cómo iba a portarse así un
40   padre?), iba de caminos, con los dos chavales,° tocando la guitarra. Una mujer les acompañaba, arrugada y descalza, que desde luego no era la madre. («¿Cómo va a ser la madre, Dios. . . ?»)

El padre tocaba la guitarra para que los niños bailaran. Sus harapos° flotaban al compás de la música los bracitos renegridos° al aire,
45   como un arco, sobre las cabezas. Los pies descalzos danzaban sobre la tierra aún húmeda, sobre las losas° y los cantos erizados°: como piedrecillas, también, rebotando° contra el suelo.

La Francisquita los vio cuando venía de la tienda. Estuvo mirándoles, seria y pensativa, y rebuscó en el delantal° un realín° del cam-
50   bio. Lo besó y se lo dio.

Cuando llegó a su casa, se dio a pensar mucho rato en los muchachos. Sobre todo en el pequeño, en sus ojos de endrina,° que se clavaban como agujas.° «Hijos», se decía. A Damián, comiendo, le habló de los niños:

---

rye

se. . . they deprived themselves / que. . . it was a delight to / tenían. . . [the judge] was considered a rich man in the village

mount

wanderers / thieves

thin

lice

kids

rags / blackened

stone slabs / cantos. . . pointed pebbles / bouncing

apron / coin of little value

sloe / se. . . pierced like needles

55   —Da congoja° verles. No sé cómo se puede hacer eso con un   grief
niño. Marcados iban de golpes, y me dijo la Lucrecia: «A éstos, por la
noche, su padre les pregunta: ¿Qué queréis, panecillo o real? Los niños
dicen: real, padre. Les da un real, y al despertar por la mañana les
vuelve a decir: el que quiera panecillo, que pague un real». Así, dicen
60 que hace. La Lucrecia les conoce. Dice que estuvieron el año pasado en   to grind / wheat
Hontanar, cuando ella fue allí a moler° el trigo.°

A la tarde, ocurrió la desgracia. Pasó un carro° junto a la casa de   cart
los Francisquitos, y ellos oyeron los gritos y las blasfemias. En la
cuneta° dormitaban los de la guitarra, y el pequeño, Barrito, que salió   ditch
65 a buscar alguna cosa, le pilló allí,° de sopetón.° La rueda° le pasó por el   **le...** he was caught there /
pie derecho: un piececito sucio, calloso, como otra piedra del camino.   **de...** suddenly / **wheel**
Los Francisquitos acudieron asustados. El pobre Barrito apretaba la
boca, para no llorar, y miraba hacia lo alto con su mirada negra y
redonda de pájaro, que había llegado al corazón de Timotea. La sangre
70 manchaba la tierra. El padre y la mujer blasfemaban, y el hermano se
había quedado en la cuneta, sentado, mirando con la boca abierta.

—¡Menos gritos y buscad al médico! —dijo el carretero.

Los de la guitarra proferían° una extraña salmodia de lamentos e   uttered
insultos, sin hacer nada. Barrito miraba fijamente a Timotea, y la
75 mujer sintió como un tirón° dentro, igual que años atrás, cuando iba a   tug
la fuente milagrosa.

—Cógelo, Damián. Llévalo a casa.

Los Francisquitos lo llevaron a su casa y llamaron al médico. Los
de la guitarra no aparecieron en todo el día.

80   El médico curó al niño. La Timotea lo lavó, lo peinó y le dio
comida. El niño, callado, se aguantó el dolor en silencio y comió con
voracidad.

Al día siguiente los de la guitarra habían desaparecido del
pueblo. En un principio se pensó en seguirles, pero la Timotea habló a
85 su marido, y éste al alcalde.

—Damián, vamos a quedarnos a Barrito.

—¿Y eso, mujer?

—Más a gusto trabajará en nuestra tierra que de caminos. ¡No
tenemos hijos, Damián!

90   El alcalde se rascó° la cabeza, cuando se lo dijeron. Al fin, se   **se...** scratched
encogió de hombros°:   **se...** shrugged his
shoulders
—Mejor es así, Francisquita, mejor es así. Pero si un día le recla-   claim
man°...

—Sea lo que Dios quiera —dijo ella.

95   —Sea —dijo el alcalde.

Y se quedaron con Barrito.

Pasó el tiempo y nadie le vino a reclamar. Barrito era un niño callado, como si no pudiera quitarse del todo° su aire triste, huraño° y como amedrentado.° Los Francisquitos le tenían como hijo de verdad,

100   del corazón. Barrito aprendió a trabajar. Ayudaba a Damián a sostener el arado° e iba con Timotea a cavar, con su pequeña azada° al hombro. En seguida aprendió de simientes° y de riegos,° de tierra buena y mala, de piedras, árboles y pájaros. Barrito era dócil, ciertamente. Escuchaba en silencio a los Francisquitos, cuando le hablaban, y obedecía. A

105   veces, Timotea hubiera querido verlo más cariñoso, y le decía a su marido:

—Sólo un pero° tiene el niño, Damián: que no creo que nos tenga amor. Es bueno, eso sí. Y obediente. Porque agradecido sí parece. ¡Ay, Damián!, pero cariño no, cariño no le despertamos.

110   Damián liaba° un cigarrillo, despacio.

—Mujer —decía—, mujer, ¿qué más quieres?

También Barrito estaba orgulloso de «Crisantemo». Cuando le llevaba a beber al gamellón,° carretera adelante, a la entrada del bosque. Cuando le llevaba a la leña. Cuando le llevaba a la tierra. Sólo

115   por «Crisantemo» se le vio sonreír, con dientes menudos° y cariados,° una vez que le dijo el juez, viéndole pasar:

—Buen caballo tenéis, Barrito.

Barrito cumplió catorce años. Francisquito le enseñó, paciente, durante las noches de invierno, a leer y a escribir. Y también algo de

120   cuentas.°

Fue en el verano cuando empezó el mal. Barrito no se quejaba nunca, pero le notaron el defecto. Barrito perdía la vista. Poco a poco primero, rápidamente después. El médico le miró mucho, y al fin dijo:

—Esto se tiene que operar, o quedará ciego.

125   Los Francisquitos regresaron tristes a casa. A Timotea le caía una lágrima por la nariz abajo, y se la refrotó° con el pañuelo.

No tenían dinero. La operación era difícil, cara, y debían, además, trasladarse° a la ciudad. Y luego no sólo era la operación, sino todo lo que tras ella vendría. . .

130   —Gastos, muchos gastos —decía Timotea.

Estaban sentados a la lumbre, hablando bajo. Allí al lado dormía Barrito, únicamente separado de ellos por la cortina de arpillera.°

Barrito oyó el susurro° de las voces, y se incorporó.

como. . . as if he could not get rid of completely unsociable / scared

plow / hoe

seeds / irrigation

fault

was rolling

feeding trough

tiny / decayed

algo. . . a bit of arithmetic

se. . . she rubbed it

to move

sackcloth

whisper

—Mujer —decía entonces Damián—. Ya te dije una vez que el
135 «Crisantemo» era un tiro cargado. Tú sabes bien quién se lo quedará a
ojos ciegas°. . .

    —El juez —dijo Timotea, con voz temblorosa.°

    —El juez —repitió Damián—. Anda, mujer: seca esos ojos. Al fin
y al cabo, pa eso teníamos al «Crisantemo». . .

140   —Así es —dijo Timotea—. Así es. Lo único que siento, que le
dará un mal trato. Ya sabes como es: no tiene aprecio a nada. Sólo
capricho°. . . En cuanto se canse, sabe Dios a qué gitano° lo venderá.

    —Mujer, no caviles° eso. Lo primero es la vista de Barrito.

    —Eso sí: lo primero, los ojos del niño.

145 Barrito se echó° de nuevo. Sus ojos negros y redondos, como las
endrinas de los zarzales,° estaban fijos y quietos en la oscuridad.

Al día siguiente Barrito se levantó más tarde. No le dijeron nada,
pues le trataban como a enfermo. Barrito desayunó despacio leche y
pan, junto a la lumbre. Luego, se volvió a Timotea, y dijo:

150   —Madre, me dé los ramales,° que le voy a por leña.

    —No hace falta, hijo. No vas a ir ahora. . . ¡Loca estaría!

    —Madre —dijo Barrito—. No me prive de esto. Conozco el
camino como mi mano. Madre, no me haga inútil tan pronto, que me
duele.

155 Timotea sintió un gran pesar,° y dijo:

    —No hijo, no. Eso no. Anda en buena hora, y ten ciudado.

Barrito sacó a «Crisantemo» del establo° y lo montó. Ella lo vio
ir carretera adelante, levantando polvo, hacia el sol. Se puso la mano
sobre los ojos, como de pantalla,° para que no la hirieran° los rayos, y
160 pensó:

    —Ay, Dios, nunca me dio un beso. Este muchacho no nos quiere.
Bien dicen que el cariño no se puede arrancar.°

Timotea fue a la tierra, con Damián. Se llevaron la comida, y, a la
vuelta, encontraron la casa vacía.

165   —¡Barrito! —llamaron—. ¡Barrito!

Pero Barrito y «Crisantemo» habían desaparecido. Un gran frío
entró en sus corazones. Pálidos, se miraban uno a otro, sin atreverse a
hablar. Así estuvieron un rato, hasta que oyeron la campana de la iglesia, dando la hora. Las nueve. En el cielo brillaban las estrellas, límpi-
170 das.

    —Se fue a eso de las diez, esta mañana —dijo ella, con voz opaca.
El no contestó.

Tú. . . You know quite well who would be willing to have it without thinking about it twice. / shaky

whim / gypsy

no. . . don't worry too much about

se. . . he lay down

thickets

strands

sorrow

stall

shield / would not hurt

no. . . cannot be forced

Entonces oyeron los cascos° del caballo, y salieron corriendo a la   hoofs
carretera.

175   «Crisantemo» volvía, cansado y sudoroso. Llegó y se paró frente
a la puerta. Se oía, como un fuelle,° su respiración fatigada. Sus ojos de   bellows
cristal amarillento brillaban debajo de la luna, frente a ellos. «Crisantemo» volvía desnudo y solo.

DESPUES DE LEER

¿Qué pasó?

Conteste las preguntas siguientes.

1. ¿Qué información nos da la autora sobre los Francisquitos?

2. ¿Por qué dice Francisquito que «Crisantemo es siempre un tiro cargado»?

3. ¿Quién deseaba poseer a «Crisantemo»? ¿Por qué esto es importante en el cuento?

4. ¿Cuál era el trabajo de Barrito cuando la Francisquita lo vio por primera vez?

5. ¿Por qué los Francisquitos dudan de que el hombre y la mujer que acompañan a los niños sean sus padres?

6. ¿Cómo fue la vida de Barrito con los Francisquitos? ¿Qué trabajos hacía él y qué hicieron ellos por él?

7. ¿Qué defecto físico le encontraron a Barrito? ¿Cuál fue la recomendación del médico?

8. ¿Qué consecuencias económicas va a tener para los Francisquitos la operación de Barrito? ¿Qué piensan hacer ellos?

9. ¿Dónde está Barrito mientras los Francisquitos discuten la situación?

10. ¿Qué le pide Barrito a la Francisquita al día siguiente? ¿Cómo reacciona ella?

11. ¿Qué pasa esa tarde cuando los Francisquitos regresan a la casa después de trabajar en la tierra?

¿Cierto o falso?

Diga si las oraciones siguientes son ciertas o falsas. En caso de que sean falsas, explique por qué.

1. Los Francisquitos tuvieron un hijo que murió cuando era pequeño.

2. Un invierno, los Francisquitos iban a vender el caballo porque necesitaban el dinero.

3. Una amiga de la Francisquita le dice que el padre de Barrito no trata bien a los niños.

4. El alcalde no está de acuerdo con que los Francisquitos se queden con Barrito.

5. Barrito vivió con los Francisquitos unos cuatro años.

6. El trabajo preferido de Barrito era labrar la tierra con los Francisquitos.

7. La Francisquita sospecha que el juez le dará mal trato a «Crisantemo».

8. «Crisantemo» regresó solo al día siguiente.

En otras palabras

A. ¿Recuerda el sinónimo?   Escoja el número correspondiente.

1. aprecio   ____ cansada

2. pesar   ____ delgado

3. bailar   ____ afecto

4. lumbre   ____ asustado

5. pillos   ____ pensar

6. esmirriado   ____ congoja

7. de sopetón   ____ enfermedad

8. amedrentado   ____ danzar

9. menudos   ____ fuego

10. fatigada   ____ pequeños

11. chavales   ____ de repente

12. cavilar   ____ muchachos

13. mal   ____ ladrones

B. ¿Qué palabra falta?   Complete las oraciones con la palabra adecuada de la lista siguiente, haciendo los cambios que sean necesarios.

ahorros	cosecha	labrar	portarse
capricho	enfermo	lástima	privarse
cariño	ganado	leña	vagabundos
rueda	huraño		

Dos campesinos _____ la tierra. Por mucho tiempo, _____ de varias cosas y con los _____ de la _____ pudieron comprar un caballo. Adoptaron a un chico que vivía con unos _____ y que había tenido un accidente causado por la _____ de un carro. El niño _____ muy bien con ellos y los ayudaba buscando _____ . Era _____, y la madre decía que no les tenía _____ .

Cuando los padres descubrieron que el niño estaba _____ y que necesitaba una operación, decidieron venderle el caballo a un hombre rico que poseía_____ . Los dueños sentían _____ porque sabían que sólo era un _____ , pero querían hacer el sacrificio por el niño.

Parecidas pero diferentes

Subraye las palabras entre paréntesis para completar la oración correctamente. Puede consultar el Apéndice A, «Parecidas pero diferentes», en la página 163, si necesita revisar el significado de las palabras.

1. Damián y Timotea vivían (solitarios/solos) en el (campo/país) porque no tenían hijos.

2. (Sólo/Solo) tenían un caballo que habían comprado después de (ahorrar/salvar) mucho dinero.

3. Ellos trabajaban mucho (creciendo/cultivando) centeno.

4. (Una vez/Un tiempo) llegaron unos vagabundos.

5. El hombre (jugaba/tocaba) la guitarra y los niños bailaban.

6. Timotea (se fijó en/fijó) los ojos penetrantes del chico más pequeño y (sintió/se sintió) triste.

7. A pesar de que un carro pasó por encima del pie (correcto/derecho) del chico, él pudo (soportar/apoyar) el dolor que le causaba la (injuria/herida).

8. El hombre comenzó (un argumento/una discusión) con el carretero en lugar de preocuparse por Barrito.

9. (Como/Desde que/Porque) los Francisquitos no tenían hijos, decidieron (quedar/quedarse) con Barrito y (crecerlo/criarlo) como un hijo.

10. Aunque su (posición/puesto) era pobre, tenían suficiente dinero para (mantener/soportar) al chico.

11. Timotea (sabía/conocía) que el hombre (trataba/probaba) mal a los chicos y sospechaba que ellos no eran los (padres/parientes) (reales/verdaderos).

12. Barrito era un chico listo y pronto aprendió a (atender/ayudar) a los Francisquitos.

13. El nunca (perdía/extrañaba) su vida anterior.

14. Timotea (sentía/se sentía) que Barrito no los quería.

15. Aunque el niño (aparecía/parecía/miraba) estar (sano/cuerdo), los Francisquitos (se dieron cuenta de/realizaron) que tenía un defecto.

16. Cuando lo (tomaron/llevaron) al médico, (supieron/conocieron) que Barrito (se quedaría/se haría) ciego si no lo operaban.

17. Los Francisquitos temían que iban a (gastar/pasar) mucho dinero en la operación y decidieron (mudarse/moverse) a la ciudad.

18. También (tendrían/tendrían que) venderle el caballo al juez.

19. Después de oír esa conversación, Barrito le (preguntó/pidió) permiso a Timotea para (buscar/mirar) leña.

20. El (salió/dejó) temprano y no (devolvió/volvió).

Exprese su opinión

Conteste las preguntas siguientes.

1. ¿Qué importancia tiene la niñez en el desarrollo de la personalidad de un individuo? ¿Por qué el caso de Barrito es un ejemplo de esto?

2. ¿Con quién se mostraba expresivo Barrito? ¿Cómo podemos explicar esto?

3. ¿Qué hace usted cuando quiere expresarle su gratitud o su cariño a una persona?

4. ¿Por qué Timotea duda de que Barrito les tenga cariño? ¿Tiene razón? ¿Qué opina

usted sobre esa idea de que sólo tiene cariño la persona que lo expresa concretamente y en formas tradicionales como un beso, un abrazo, etcétera?

5. ¿Qué cree usted que hizo Barrito cuando salió de la casa? ¿Por qué? ¿Qué opina usted sobre esto?

6. ¿Deben saber los hijos adoptados que lo son? ¿Cuándo lo deben saber? ¿Cuánto deben saber de sus padres biológicos? Explique su respuesta.

Tema para crear

¿Recuerda usted alguna experiencia, agradable o desagradable, que haya dejado una marca en usted? Desarrolle su respuesta en una composición.

De dos en dos

En este cuento se presenta la relación de un niño con sus padres adoptivos. En el cuento «La casa nueva» se presenta la relación entre una niña con sus padres. ¿Cómo son los padres en estos cuentos? ¿Cómo es la vida de estos niños? ¿Como es la relación entre los padres y los hijos? ¿Qué consecuencias tiene esto en la vida de esos niños? ¿Por qué?

Algo más

Una pareja que no pudo tener hijos adopta a un chico que los abandona después de un tiempo y sin darles ninguna explicación. En el Apéndice C se dan instrucciones para encontrar información en la Red y en el Apéndice D se sugiere un vídeo relacionado con el tema.

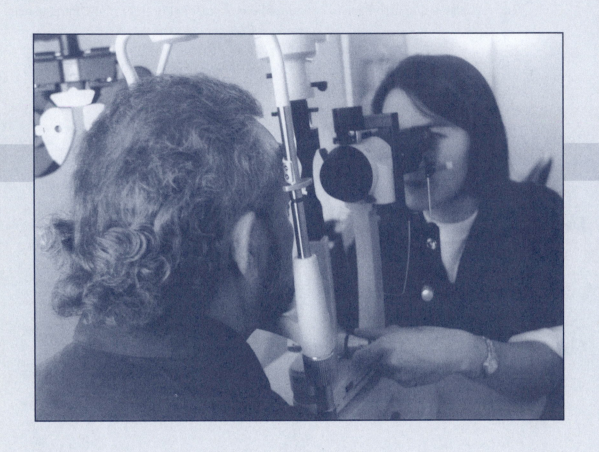

11

Los pocillos

Mario Benedetti
Uruguay

ANTES DE LEER

Vocabulario para la lectura

Estudie las palabras y frases siguientes.

1. **pocillo**   *small cup*   Los pocillos habían sido un regalo de Enriqueta.
2. **rasgo**   *trait*   Mariana, en un discreto rasgo de independencia, había decidido que usaría cada pocillo con su plato del mismo color.
3. **pulgar (el)**   *thumb*   El pulgar hizo girar varias veces la ruedita del encendedor, pero la llama no apareció.
4. **llama**   *flame*   El pulgar hizo girar varias veces la ruedita del encendedor, pero la llama no apareció.
5. **estallar**   *to explode*   El infortunio estalló y él se negó a refugiarse en ella.
6. **amparo**   *protection*   El se había negado a valorar su amparo.
7. **testarudo/a**   *stubborn*   Todo su orgullo se concentró en un silencio terrible, testarudo.
8. **menospreciar**   *to despise, to look down on*   El menospreciaba su protección.
9. **ternura**   *tenderness*   Mariana había dejado que él la envolviera en su ternura.
10. **no caber duda de**   *to be no doubt about*   Ella seguía siendo eficiente, de eso no cabía duda.
11. **desalentado/a**   *discouraged*   Ella había llorado, desalentada, torpemente triste.
12. **sacar del apuro**   *to get someone out of trouble*   Ella hablaba con él, o simplemente lo miraba, y sabía de inmediato que él la estaba sacando del apuro.
13. **apagar**   *to extinguish, to turn off*   Apagó la llamita con la tapa de vidrio.
14. **tapa**   *lid*   Apagó la llamita con la tapa de vidrio.
15. **vidrio**   *glass*   Apagó la llamita con la tapa de vidrio.

¡Vamos a practicar!

Complete las oraciones con la forma adecuada de las palabras o frases de la lista de vocabulario.

1. Roberto es muy _____ y no escucha consejos.

2. La madre abrazó al hijo con _____ .

3. La bomba _____ y mató a tres personas.

4. Si tienes problemas, debes hablar con tus padres. Los padres siempre _____ a los hijos.

5. Compré estos vasos porque son de un _____ muy resistente.

6. Un _____ es una especie de taza, pero más pequeño.

7. Las _____ se extendieron y fue muy difícil _____ el fuego.

8. Los psicólogos estudian los _____ de la personalidad.

9. Según la policía, _____ que la misma persona cometió los dos crímenes.

10. Pedro está _____ porque sacó mala nota en el examen.

11. Sara _____ a todos los que no piensan como ella.

12. Nunca olvidaré que ella me ofreció su _____ cuando lo necesité.

13. Levantamos el _____ para indicar que aprobamos algo.

14. La _____ no cierra herméticamente y todo el líquido se evaporó.

Sobre el autor

Mario Benedetti nació en Paso de los Toros, un pueblecito de Uruguay, en 1920. Cuando tenía cuatro años, se mudó a la capital, donde vive la mitad de la población del país. La vida cotidiana de las personas comunes de la ciudad, especialmente de Montevideo, aparece con frecuencia en su obra. Este es el caso de su libro Montevideanos *(1959), al que pertenece el cuento seleccionado. Aunque Benedetti es más conocido por sus cuentos, ha cultivado todos los géneros y ha sido premiado muchas veces. Recibió el Premio del Ministerio de Educación Pública en tres ocasiones. El régimen militar que comenzó en 1973 prohibió sus obras y Benedetti, observador penetrante y crítico de la realidad social y política, tuvo que salir del país. Durante el exilio vivió en Argentina, Perú, Cuba y España. Después de la llegada de un nuevo gobierno, ha vuelto a vivir en Montevideo, aunque acostumbra pasar temporadas en Madrid.*

Usted sabe más de lo que cree

Cuando lea el próximo cuento, notará que abunda el diálogo. *Tendrá la oportunidad de «escuchar» a los personajes mismos en una conversación informal, durante la visita habitual de una tarde como otra cualquiera. Algunas veces se identifica al personaje que está hablando, como en los siguientes ejemplos.*

«El café ya está pronto. ¿Lo sirvo?», preguntó Mariana. José Claudio contestó:

«Todavía no. Esperá un ratito. Antes quiero fumar un cigarrillo.» (línea 9)

Otras veces es posible deducirlo por el contexto. Observe el comienzo del próximo párrafo:

La mano de José Claudio empezó a moverse, tanteando el sofá. «¿Qué buscás?» preguntó ella. «El encendedor.» «A tu derecha.» (línea 15)

¿Quién contesta «el encendedor»? ¿Quién contesta «a tu derecha»? Mientras lee el cuento, asegúrese de que en todo momento sabe a quién le pertenecen las palabras.

Preguntas de orientación

Las preguntas siguientes le ayudarán a comprender mejor el cuento.

1. ¿Qué condiciones físicas conoce usted que les hacen más difícil a las personas realizar ciertas actividades diarias?

2. Se dice que una persona que no puede contar con alguno de sus sentidos lo compensa dependiendo más de otro. ¿Qué sabe usted sobre esto?

3. ¿Qué quiere decir la frase «triángulo amoroso»?

Preguntas de anticipación

Piense en las preguntas siguientes mientras lee el cuento.

1. ¿Qué costumbre tenían los personajes del cuento?

2. ¿Qué condición física tenía José Claudio?

3. ¿Cómo afectó esto su matrimonio?

Los pocillos

Los pocillos eran seis: dos rojos, dos negros, dos verdes, y además importados, irrompibles, modernos. Habían llegado como regalo de Enriqueta, en el último cumpleaños de Mariana, y desde ese día el comentario de cajón° había sido que podía combinarse la taza de un color con el platillo de otro. «Negro con rojo queda fenomenal°», había sido el consejo estético de Enriqueta. Pero Mariana, en un discreto rasgo de independencia, había decidido que cada pocillo sería usado con su plato del mismo color.

«El café ya está pronto.° ¿Lo sirvo?», preguntó Mariana. La voz se dirigía al marido, pero los ojos estaban fijos en el cuñado. Este parpadeó y no dijo nada, pero José Claudio contestó: «Todavía no. Esperá* un ratito. Antes quiero fumar un cigarrillo.» Ahora sí ella miró a José Claudio y pensó, por milésima vez, que aquellos ojos no parecían de ciego.

La mano de José Claudio empezó a moverse, tanteando° el sofá. «¿Qué buscás?», preguntó ella. «El encendedor°». «A tu derecha.» La mano corrigió el rumbo y halló el encendedor. Con ese temblor que da el continuado afán de búsqueda, el pulgar hizo girar varias veces la ruedita, pero la llama no apareció. A una distancia ya calculada, la mano izquierda trataba infructuosamente de registrar la aparición del calor. Entonces Alberto encendió un fósforo° y vino en su ayuda. «¿Por qué no lo tirás°» dijo, con una sonrisa que, como toda sonrisa para ciegos, impregnaba también las modulaciones de la voz. «No lo tiro porque le tengo cariño. Es un regalo de Mariana.»

de. . . habitual
queda. . . looks great

ready

groping
lighter

match
toss away

*Véase la nota en la página 24.

25   Ella abrió apenas° la boca y recorrió el labio inferior con la punta   hardly
de la lengua. Un modo como cualquier otro de empezar a recordar. Fue
en marzo de 1953, cuando él cumplió treinta y cinco años y todavía
veía. Habían almorzado en casa de los padres de José Claudio, en Punta
Gorda, habían comido arroz con mejillones, y después se habían ido a
30   caminar por la playa. El le había pasado un brazo por los hombros y
ella se había sentido protegida, probablemente feliz o algo semejante.
Habían regresado al apartamento y él la había besado lentamente,
morosamente,° como besaba antes. Habían inaugurado el encendedor   slowly
con un cigarrillo que fumaron a medias.

35   Ahora el encendedor ya no servía. Ella tenía poca confianza en
los conglomerados simbólicos, pero, después de todo, ¿qué servía aún
de aquella época?

«Este mes tampoco fuiste al médico», dijo Alberto.

«No.»

40   «¿Querés que te sea sincero?»

«Claro.»

«Me parece una idiotez de tu parte.»

«¿Y para qué voy a ir? ¿Para oírle decir que tengo una salud de
roble,° que mi hígado° funciona admirablemente, que mi corazón gol-   oak tree / liver
45   pea con el ritmo debido, que mis intestinos son una maravilla? ¿Para
eso querés que vaya? Estoy podrido de° mi notable salud sin ojos.»   **Estoy. . .** I am fed up with

La época anterior a la ceguera, José Claudio nunca había sido un
especialista en la exteriorización de sus emociones, pero Mariana no se
ha olvidado de cómo era ese rostro antes de adquirir esta tensión, este
50   resentimiento. Su matrimonio había tenido buenos momentos, eso no
podía ni quería ocultarlo. Pero cuando estalló el infortunio, él se había
negado a valorar su amparo, a refugiarse en ella. Todo su orgullo se
concentró en un silencio terrible, testarudo, un silencio que seguía
siendo tal, aun cuando se rodeara de palabras. José Claudio había
55   dejado de hablar de sí.

«De todos modos deberías ir», apoyó Mariana. «Acordate de lo
que siempre te decía Menéndez.»

«Cómo no que me acuerdo: Para Usted No Está Todo Perdido.
Ah, y otra frase famosa: La Ciencia No Cree En Milagros. Yo tampoco
60   creo en milagros.»

«¿Y por qué no aferrarte° a una esperanza? Es humano.»   cling

«¿De veras?» Habló por el costado del cigarrillo.

Se había escondido en sí mismo. Pero Mariana no estaba hecha
para asistir, simplemente para asistir, a un reconcentrado.° Mariana   introvert

65   reclamaba° otra cosa. Una mujercita para ser exigida con mucho tacto,   demanded
eso era. Con todo, había bastante margen para esa exigencia°; ella era   demand
dúctil.° Toda una calamidad que él no pudiese ver; pero ésa no era la   pliable
peor desgracia. La peor desgracia era que estuviese dispuesto a evitar,
por todos los medios a su alcance, la ayuda de Mariana. El menospre-
70   ciaba su protección. Y Mariana hubiera querido —sinceramente, cari-
ñosamente, piadosamente— protegerlo.

Bueno, eso era antes, ahora no. El cambio se había operado con
lentitud. Primero fue un decaimiento° de la ternura. El cuidado, la   weakening
atención, el apoyo, que desde el comienzo estuvieron rodeados por un
75   halo constante de cariño, ahora se habían vuelto mecánicos. Ella
seguía siendo eficiente, de eso no cabía duda, pero no disfrutaba man-
teniéndose solícita. Después fue un temor horrible frente a la posibilidad de una discusión cualquiera. El estaba agresivo, dispuesto siempre
a herir,° a decir lo más duro, a establecer su crueldad sin posible retro-   to hurt
80   ceso. Era increíble cómo hallaba siempre, aun en las ocasiones menos
propicias, la injuria refinadamente certera,° la palabra que llegaba   accurate
hasta el fondo, el comentario que marcaba el fuego. Y siempre desde
lejos, desde muy atrás de su ceguera, como si ésta oficiara de muro de   **como. . .** as if it were a
contención° para el incómodo estupor° de los otros.   retaining wall / amazement

85   Alberto se levantó del sofá y se acercó al ventanal.

«Qué otoño desgraciado», dijo. «¿Te fijaste?» La pregunta era
para ella.

«No», respondió José Claudio. «Fijate vos por mí.»

Alberto la miró. Durante el silencio, se sonrieron. Al margen de
90   José Claudio, y sin embargo a propósito de él. De pronto Mariana supo
que se había puesto linda. Siempre que miraba a Alberto, se ponía
linda. El se lo había dicho por primera vez la noche del veintitrés de
abril del año pasado, hacía exactamente un año y ocho días: una noche
en que José Claudio le había gritado cosas muy feas, y ella había llo-
95   rado, desalentada, torpemente triste, durante horas y horas, es decir
hasta que había encontrado el hombro de Alberto y se había sentido
comprendida y segura. ¿De dónde extraería Alberto esa capacidad para
entender a la gente? Ella hablaba con él, o simplemente lo miraba, y
sabía de inmediato que él la estaba sacando del apuro. «Gracias», había
100   dicho entonces. Y todavía ahora la palabra llegaba a sus labios directamente desde su corazón, sin razonamientos intermedios, sin
usura.° Su amor hacia Alberto había sido en sus comienzos gratitud,   interest, profiteering
pero eso (que ella veía con toda nitidez°) no alcanzaba a despreciarlo.   clarity, sharpness
Para ella, querer había sido siempre un poco agradecer y otro poco

105 provocar la gratitud. A José Claudio, en los buenos tiempos, le había
agradecido que él, tan brillante, tan lúcido, tan sagaz,° se hubiera
fijado en ella, tan insignificante. Había fallado en lo otro, en eso de
provocar la gratitud, y había fallado tan luego en la ocasión más absurdamente favorable, es decir, cuando él parecía necesitarla más.

110   A Alberto, en cambio, le agradecía el impulso inicial, la generosidad de ese primer socorro que la había salvado de su propio caos, y,
sobre todo, ayudado a ser fuerte. Por su parte, ella había provocado su
gratitud, claro que sí. Porque Alberto era un alma tranquila, un
respetuoso de su hermano, un fanático del equilibrio, pero también, y
115 en definitiva,° un solitario. Durante años y años, Alberto y ella habían
mantenido una relación superficialmente cariñosa, que se detenía con
espontánea discreción en los umbrales del tuteo° y sólo en contadas
ocasiones° dejaba entrever una solidaridad más profunda. Acaso
Alberto envidiara un poco la aparente felicidad de su hermano, la
120 buena suerte de haber dado con una mujer que él consideraba encan-
tadora. En realidad, no hacía mucho que Mariana había obtenido la
confesión de que la imperturbable soltería de Alberto se debía a que
toda posible candidata era sometida a una imaginaria y desventajosa
comparación.

125   «Y ayer estuvo Trelles», estaba diciendo José Claudio, «a hacer-
nos la clásica visita adulona° que el personal de la fábrica me consagra
una vez por trimestre. Me imagino que lo echarán a la suerte° y el que
pierde se embroma° y viene a verme.»

    «También puede ser que te aprecien», dijo Alberto, «que conser-
130 ven un buen recuerdo del tiempo en que los dirigías, que realmente
estén preocupados por tu salud. No siempre la gente es tan miserable
como te parece de un tiempo a esta parte°.»

    «Qué bien. Todos los días se aprende algo nuevo.» La sonrisa fue
acompañada de un breve resoplido,° destinado a inscribirse en otro
135 nivel de ironía.

    Cuando Mariana había recurrido a Alberto, en busca de protec-
ción, de consejo, de cariño, había tenido de inmediato la certidumbre
de que a su vez° estaba protegiendo a su protector, de que él se hallaba
tan necesitado de amparo como ella misma, de que allí, todavía tensa
140 de escrúpulos y quizá de pudor,° había una razonable desesperación de
la que ella comenzó a sentirse responsable. Por eso, justamente, había
provocado su gratitud, por no decírselo con todas las letras,° por simplemente dejar que él la envolviera en su ternura acumulada de tanto
tiempo atrás, por sólo permitir que él ajustara a la imprevista realidad

---

shrewd

en. . . in short

en. . . just within
addressing each other
using the familiar *tú* form /
en. . . seldom

fawning
lo. . . they will draw lots
se. . . has to put up with it

de. . . for some time now

snort

a. . . in her turn

modesty

con. . . in full

145 aquellas imágenes de ella misma que había hecho transcurrir, sin
hacerse ilusiones, por el desfiladero° de sus melancólicos insomnios.
Pero la gratitud pronto fue desbordada.° Como si todo hubiera estado
dispuesto para la mutua revelación, como si sólo hubiera faltado que se
miraran a los ojos para confrontar y compensar sus afanes,° a los pocos
150 días° lo más importante estuvo dicho y los encuentros furtivos
menudearon.° Mariana sintió de pronto que su corazón se había
ensanchado y que el mundo era nada más que° eso: Alberto y ella.

    «Ahora sí podés calentar el café», dijo José Claudio, y Mariana se
inclinó sobre la mesita ratona° para encender el mecherito° de alco-
155 hol. Por un momento se distrajo contemplando los pocillos. Sólo había
traído tres, uno de cada color. Le gustaba verlos así, formando un
triángulo.

    Después se echó hacia atrás en el sofá y su nuca encontró lo que
esperaba: la mano cálida de Alberto, ya ahuecada° para recibirla. Qué
160 delicia, Dios mío. La mano empezó a moverse suavemente y los dedos
largos, afilados,° se introdujeron por entre el pelo. La primera vez que
Alberto se había animado a hacerlo, Mariana se había sentido terrible-
mente inquieta, con los músculos anudados° en una dolorosa contracción que le había impedido disfrutar de la caricia. Ahora no. Ahora
165 estaba tranquila y podía disfrutar. Le parecía que la ceguera de José
Claudio era una especie de protección divina.

    Sentado frente a ellos, José Claudio respiraba normalmente, casi
con beatitud. Con el tiempo,° la caricia de Alberto se había convertido
en una especie de rito y, ahora mismo, Mariana estaba en condiciones
170 de aguardar el movimiento próximo y previsto. Como todas las tardes
la mano acarició el pescuezo,° rozó° apenas la oreja derecha, recorrió
lentamente la mejilla y el mentón.° Finalmente se detuvo sobre los
labios entreabiertos. Entonces ella, como todas las tardes, besó silen-
ciosamente aquella palma y cerró por un instante los ojos. Cuando los
175 abrió, el rostro de José Claudio era el mismo. Ajeno, reservado, distante. Para ella, sin embargo, ese momento incluía siempre un poco de
temor. Un temor que no tenía razón de ser, ya que en el ejercicio de esa
caricia púdica,° riesgosa, insolente, ambos habían llegado a una técnica tan perfecta como silenciosa.

180   «No lo dejés hervir°», dijo José Claudio.

    La mano de Alberto se retiró y Mariana volvió a inclinarse sobre
la mesita. Retiró el mechero, apagó la llamita con la tapa de vidrio,
llenó los pocillos directamente desde la cafetera.

Glosas marginales

narrow pass

exceeded

toils

a. . . within a few days
happened frequently

nada. . . just

mesita. . . small round
table under which a brazier
is placed / burner

hollowed

slender

tied up

Con. . . In time

neck / touched

chin

chaste

to boil

185 Todos los días cambiaba la distribución de los colores. Hoy sería el verde para José Claudio, el negro para Alberto, el rojo para ella. Tomó el pocillo verde para alcanzárselo° a su marido, pero, antes de dejarlo en sus manos, se encontró con la extraña, apretada sonrisa. Se encontró, además, con unas palabras que sonaban más o menos así: «No, querida. Hoy quiero tomar en el pocillo rojo.»

pass it on

DESPUES DE LEER

¿Qué pasó?

Conteste las preguntas siguientes.

1. ¿Cómo eran los pocillos que tenía Mariana?

2. ¿Por qué José Claudio no iba al médico?

3. ¿Cómo había sido él antes de la ceguera? ¿después?

4. ¿Qué relación hay entre Mariana y Alberto? ¿Lo sabe José Claudio? ¿Cómo empezó esta relación?

5. ¿Cómo era Alberto?

6. ¿Por qué se dice que Alberto se había mantenido soltero?

7. ¿Qué opinaba José Claudio de la visita que un empleado de la fábrica donde él trabajaba le hacía cada trimestre? ¿Qué opinaba Alberto?

8. ¿Qué acostumbraba hacer Alberto mientras se calentaba el café?

9. ¿Qué acostumbraba hacer Mariana todos los días cuando servía los pocillos?

¿Cuándo pasó?

Enumere las acciones en orden cronológico, como debieron haber ocurrido en la realidad.

_____ Todas las tardes, los tres toman café y Mariana cambia el color de los pocillos que usa.

_____ Después de perder la vista, José Claudio casi siempre está de mal humor y su relación con Mariana cambia.

_____ Mientras esperan que el café esté caliente, Alberto acaricia a Mariana.

_____ Mariana le regaló un encendedor a José Claudio en la época cuando todavía eran felices.

_____ Mariana va a servir el café, pero José Claudio le pide que espere.

_____ José Claudio desea tomar su café en un pocillo de distinto color.

_____ A José Claudio no le gusta ir al médico porque no cree que vuelva a ver otra vez.

_____ Primero, Alberto es un refugio para Mariana, pero después ellos se enamoran.

_____ José Claudio comenta con ironía que un hombre de la fábrica viene todos los meses a visitarlo.

_____ José Claudio y Mariana vivieron años felices antes de la ceguera.

En otras palabras

A. Definiciones   ¿Cuáles son las palabras para estas definiciones?

1. dos cosas que se usan para encender un cigarrillo

2. el dedo más pequeño y gordo de la mano

3. la condición de no ver

4. cuando una persona no puede dormir

5. la parte baja del cráneo

B. ¿Recuerda el antónimo?   Escoja el número correspondiente.

1. importado   ___ suerte

2. irrompible   ___ sentarse

3. moderno   ___ rompible

4. desgracia   ___ acercarse

5. levantarse   ___ encender

6. alejarse   ___ permitir

7. fuerte   ___ exportado

8. impedir   ___ antiguo

9. apagar   ___ débil

C. ¿Qué palabra falta?   Complete las oraciones con la palabra adecuada de la lista siguiente, haciendo los cambios que sean necesarios.

cambiar	marido	pocillos	servir
caricias	matrimonio	regalo	taza
ciego	menospreciar	salud	testarudo
cuñado	platillo		

Mariana siempre usaba los _____ que eran un _____ de su amiga Enriqueta. Prefería usar la _____ con el _____ del mismo color. Su _____ era _____ . Tenía buena _____ y no quería ver al médico porque era muy _____ . El _____ a todo el mundo. El _____ de Mariana y José Claudio no era feliz. El _____ de Mariana era muy comprensivo y siempre le hacía _____ antes de _____ el café. Un día, cuando Mariana _____ la distribución de los colores según acostumbraba, José Claudio le dijo que prefería un pocillo de otro color.

Parecidas pero diferentes

Subraye las palabras entre paréntesis para completar la oración correctamente. Puede consultar el Apéndice A, «Parecidas pero diferentes», en la página 163, si necesita revisar el significado de las palabras.

1. José Claudio (trató de/probó) encender un cigarrillo (varios tiempos/varias veces) con un encendedor que Mariana le había regalado, (pero/sino) ya no (funcionaba/trabajaba).

2. Cuando ella le (pidió/preguntó) si podía servir el café, él le (pidió/preguntó) que esperara un (rato/ritmo).

3. (Desde/Como/Porque) José Claudio era ciego, (fijaba/se fijaba en) los ojos, (pero/sino que) Mariana pensaba que esos ojos no (miraban/parecían/aparecían) ojos de ciego.

4. El ya no era (el mismo hombre/el hombre mismo) que Mariana había (conocido/sabido) en otra (hora/época/vez).

5. Aunque Mariana no tenía (muchas memorias/muchos recuerdos) agradables de su matrimonio, (extrañaba/perdía/faltaba a) la comunicación con su marido porque él era un hombre muy (tranquilo/callado).

6. A José Claudio le gustaba (doler/herir/ofender) a las personas y frecuentemente decía (injurias/heridas) y Mariana no (soportaba/apoyaba) su ironía.

7. El (se negaba a/negaba) ver a un médico porque decía que no tenía problemas con el hígado ni con los intestinos y el corazón golpeaba con el (ritmo/rato) adecuado.

8. Cuando José Claudio (se ponía/se hacía/se convertía en) furioso, tenía (discusiones/argumentos) terribles con Mariana.

9. Ella era joven y tenía (el derecho/la derecha) de ser feliz.

10. Su cuñado Alberto la (soportaba/apoyaba) con su comprensión y le (volvía/devolvía) su cariño.

11. El no (miraba/parecía/se parecía a) su hermano.

12. Alberto era (solo/soltero/sencillo) y (una vez/un tiempo/una época) le confesó a Mariana que cuando le (introducían/presentaban) a una chica, él la comparaba con Mariana.

13. Todas las tardes Alberto (devolvía/volvía) a la casa de Mariana y José Claudio, y nunca (perdía/extrañaba/faltaba a) la hora de (tomar/tocar) café.

14. Mariana siempre prefería usar la (copa/taza) y el plato del (mismo color/color mismo) y nunca (trataba/probaba) ninguna combinación de colores.

15. Esa tarde Mariana (sólo/sola/única) (tomó/llevó) tres pocillos a la mesa.

Exprese su opinión

Conteste las preguntas siguientes.

1. ¿Cree usted que el matrimonio de Mariana y José Claudio habría continuado siendo feliz? ¿Por qué?

2. ¿Qué opina usted sobre la conducta de los personajes? ¿Está usted de acuerdo con sus actuaciones?

3. ¿Cree usted que José Claudio tiene razón cuando se burla de la visita que le hace el personal de la fábrica? ¿Por qué?

4. Además de la ceguera, ¿qué otras condiciones físicas pueden hacer que una persona esté en desventaja? ¿Ha cambiado la actitud de la sociedad hacia esas personas? ¿Cómo?

5. ¿Cómo puede usted explicar la última frase de José Claudio?

6. ¿Debe Mariana divorciarse de José Claudio? Explique su respuesta.

Tema para crear

¿Qué costumbres hispánicas aparecen en el cuento? ¿Conoce usted otras costumbres que tienen los hispanos? Busque información y escriba una composición sobre el tema.

De dos en dos

Tanto en este cuento como en «El forastero y el candelabro de plata», la mujer toma una decisión que afecta su vida. ¿Qué opina usted de la conducta de estas mujeres? ¿Qué las motiva? ¿Se puede explicar lo que hacen? ¿Por qué? ¿Con quién está usted de acuerdo? ¿Por qué?

Algo más

Cuando el amor que sentía por su esposo parece haberse terminado, la protagonista busca consuelo en otra persona. En el Apéndice C se dan instrucciones para encontrar información en la Red y en el Apéndice D se sugiere un vídeo relacionado con el tema.

12

Ensayo de comedia

Marina Mayoral
España

ANTES DE LEER

Vocabulario para la lectura

Estudie las palabras y frases siguientes.

1. **éxito**   *success*   Esta historia podría ser un éxito.
2. **esperanza**   *hope*   A la gente le gusta que las historias acaben bien o, al menos, con esperanza.
3. **fallo**   *defect*   Las terrazas son otro de los fallos de la casa.
4. **jurar**   *to swear*   Juraría que el arquitecto planeó estos pisos como dúplex.
5. **piso**   *apartment* (Spain)   Juraría que el arquitecto planeó estos pisos como dúplex.
6. **disfrutar de**   *to enjoy*   Cada uno de nosotros disfruta de una espléndida vista panorámica.
7. **complacer (complazco)**   *to please, to accommodate*   Yo insistí y José Luis me complació.
8. **atónito/a**   *astonished*   Edu estaba atónito y yo un poco avergonzada.
9. **destacar**   *to highlight, to emphasize*   Las escenas de la terraza servirían para destacar su caballerosidad.
10. **chismoso/a**   *tattletale*   Alguna vieja chismosa podía ser la nueva vecina.
11. **roncar**   *to snore*   Algunas noches lo oigo roncar.
12. **guapo/a**   *good-looking*   María Jesús es joven y guapa.
13. **apartarse**   *to move away*   Ves tu rostro en el espejo y te apartas horrorizada.
14. **pastilla**   *pill*   Por las noches me tomo una pastilla para dormir.
15. **tragar**   *to swallow, to accept*   Pienso en las viejas actrices que se tragaron su soledad y su cansancio.

¡Vamos a practicar!

Complete las oraciones con la forma adecuada de las palabras o frases de la lista de vocabulario.

1. Esteban se lo contó todo a Isabel: ¡es un _____ !

2. De noche no puedo dormir porque mi compañero de cuarto _____ .

3. Durante las vacaciones _____ ir a la playa todos los días.

4. El profesor les deseó mucho _____ a sus estudiantes.

5. Los padres tratan de _____ a sus hijos siempre que pueden.

6. El conferenciante _____ la importancia de conservar los recursos naturales.

7. Decidimos vender el coche porque tenía muchos _____ .

8. Miguel está _____ ; no puede creer lo que le dijeron.

9. Mi tía acaba de comprar un _____ en Madrid.

10. Jorge no solamente es _____ , sino que también es simpático.

11. Prefiero _____ una _____ en vez de ponerme una inyección.

12. Los médicos están optimistas y nos dieron muchas _____ .

13. El acusado _____ que diría toda la verdad.

14. Los coches _____ para que la ambulancia pueda pasar.

Sobre la autora

Marina Mayoral nació en Galicia, España, en 1942. Es profesora de lengua y literatura españolas en la Universidad Complutense de Madrid. Era conocida primero por sus obras de crítica literaria, sobre todo por sus estudios sobre las escritoras Rosalía de Castro y Emilia Pardo Bazán, también gallegas. Ha escrito nueve novelas en español y tres en gallego. En 1989 publicó su primer libro de cuentos, Morir en sus brazos, *de donde procede el cuento de esta antología. Tanto en las novelas como en los cuentos, Mayoral se muestra interesada por los problemas que afectan a los seres humanos en la sociedad contemporánea, especialmente a la mujer. Temas como la maternidad frustrada, la incomprensión entre los hombres y las mujeres, la amistad entre las mujeres y el miedo a la vejez, son una manifestación particular de temas tradicionales como el amor, la soledad, la insatisfacción, la libertad y la muerte.*

Usted sabe más de lo que cree

Para comprender mejor cualquier texto, es muy útil fijarse en su organización o su estructura. Por lo general, en un texto tradicional se pueden distinguir tres partes: la introducción, el desarrollo *y* la conclusión. *En el cuento que usted va a leer a continuación, la narradora organiza la historia para facilitar su comprensión. Aunque la narración no empieza estrictamente desde el principio, porque empieza con una referencia al final, es posible seguir la reconstrucción de los hechos en orden cronológico. Mientras lea el cuento, observe que la narradora señala claramente lo que pertenece a cada parte de su historia. ¿Qué sucesos importantes ocurren en cada parte? ¿Qué personajes son importantes en cada parte? ¿Qué lugares se mencionan en cada parte? ¿Cómo ayudan ciertos objetos al desarrollo del asunto? Piense en una posible explicación para la insistencia de la narradora en este aspecto de su relato.*

Preguntas de orientación

Las preguntas siguientes le ayudarán a comprender mejor el cuento.

1. ¿Qué características formales tiene una obra de teatro que la distinguen de una novela o un cuento?

2. ¿Qué características tiene una comedia que la distinguen de un drama?

3. ¿Por qué las personas como los artistas se preocupan por la vejez?

Preguntas de anticipación

Piense en las preguntas siguientes mientras lee el cuento.

1. ¿Qué relación existe entre Susana y Eduardo?

2. ¿Quién es «el coronel inglés»?

3. ¿Qué consecuencias tiene la aparición de María Jesús?

Ensayo de comedia

Desde que el coronel inglés me miró sonriendo y dijo: «hace cinco años», estoy pensando que esto no es un drama, como creía, sino una comedia, a pesar de que Eduardo ya no estará conmigo y a pesar también de esta cara envejecida que me mira desde el espejo.

5 No sé cómo explicarlo. Supongo que muchos pensarán: «las actrices siempre haciendo teatro», pero no es eso, aunque a veces es difícil separar el teatro y la vida. Cuando él dijo aquello yo sentí que era la frase final de la obra y, si se hubieran oído aplausos, creo que no me hubiera sorprendido. Era un final y al mismo tiempo un comienzo, como en las

10 buenas obras de teatro en las que, al caer el telón,° los personajes siguen viviendo aunque nosotros no sepamos qué ha sido de ellos.   theater curtain

Me gustaría que alguien lo escribiera, lo de estos cinco años. Podría ser un éxito, a la gente le gusta que las historias acaben bien o, al menos, con esperanza. Naturalmente yo sería la protagonista, de eso

15 no hay duda y a Eduardo, por más que en la vida haya representado el papel de galán,° le correspondería un papel secundario, tendría que   papel. . . the role of the leading man
salir poco. Eso es algo que los de fuera no podrán entender, como lo de los ascensores, que son lo peor de la casa, la desesperación de los veci-   tardan. . . they take
nos, porque tardan siglos° y se quedan parados° con la gente encerrada   forever / se. . . they stop

20 dentro y, sin embargo, en la obra serían uno de los decorados más importantes, lo mismo que las terrazas, otro de los fallos de la casa. O sea, que lo que es malo para la vida es bueno para el teatro y lo que es un final es un comienzo de otra cosa, aunque tampoco se puede decir que siempre sea así. Pero si estoy haciendo el esfuerzo de explicarlo y

25 poner en orden lo que he vivido en estos últimos cinco años no es para hacer teatro, sino para entender este papel que me ha tocado vivir,°   me. . . I have been called to play
igual que intento comprender a Blanche du Bois* o a Antígona†
cuando José Luis me pasa los papeles.

Ya he dicho que los ascensores son lo peor de la casa, junto con

30 las terrazas. Juraría que el arquitecto planeó estos pisos como dúplex y después, probablemente a causa del precio, los dividió con un artístico tabique.° Así se explica que las terracitas de los dormitorios estén   thin wall, partition

---

*Blanche. . . Personaje de la obra de teatro *A Streetcar Named Desire* (1947), escrita por Tennessee Williams.
†Figura mítica y personaje de la tragedia clásica del mismo nombre escrita por el dramaturgo griego Sófocles aproximadamente en el año 441 A.C.

separadas sólo por una estrecha vidriera° y, sobre todo, que, desde ellas, cada uno de nosotros (el coronel y yo) disfrutemos de una
35 espléndida vista panorámica sobre la terraza del salón del otro. En esa terraza de abajo es donde yo tomo el sol de dos a tres de la tarde, desde el otoño al verano. Hacerlo desnuda es un viejo hábito que no estoy dispuesta a cambiar, aunque hace ya muchos años que actúo muy vestida.

40   En cuanto al coronel inglés, ni es coronel ni es inglés. Cuando lo vimos por primera vez Edu dijo: «parece un coronel inglés». Tiene el pelo blanco, muy corto y brillante y un gran bigote también blanco. Se le nota° que ha sido rubio. Los ojos, claros; la piel, tostada° y el cuerpo musculoso y fuerte. Puede tener unos sesenta años, pero muy bien lle-
45 vados.° Después supimos que es escritor y yo incluso me compré una novela suya de la que hablaban en el periódico. Es una novela de espionaje muy complicada, que no entendí muy bien porque tengo poco tiempo para leer y al ser de mucho enredo° me perdía, pero me pareció que estaba bien escrita. Como la novela pasaba° en Londres y él tiene
50 ese aspecto, pues seguimos llamándolo «el coronel inglés», aunque ya sabíamos que no era inglés ni coronel sino escritor.

      En el primer acto tendría que situarse la escena en que Eduardo y yo nos quedamos encerrados en el ascensor. Edu tenía entonces veinticuatro años y aquél era su primer papel importante, quiero decir el
55 que yo le había dado en *Bodas de sangre*.‡ Era un poco demasiado joven para el papel y, además, José Luis decía que no daba el tipo,° quería a alguien más agresivo y agitanado° y Edu siempre ha tenido un aspecto soñador y romántico. Yo insistí y José Luis transigió° por complacerme, pero le tuvo siempre un poco enfilado.° Se empeñó en° que
60 le echaba demasiado realismo a las escenas de amor, pero la verdad es que hasta entonces no había habido nada entre nosotros. Yo me daba cuenta de que le gustaba, pero veinte años, veintiuno, son muchos años de diferencia y yo no quería enredarme° con un chico tan joven, ésa es una historia que siempre sale mal.° Aquella noche venía a casa a
65 tomar algo después de la función y nos quedamos encerrados a la altura de mi piso. Pasaba tiempo y tiempo y no aparecía nadie y yo empecé a ponerme histérica porque me parecía que se acababa el aire. Edu me abrazó para tranquilizarme y también me besó; era la primera vez. A ratos nos besábamos y a ratos aporreábamos° la puerta. Así se
70 pasó más de media hora. Fue el coronel inglés quien oyó nuestros

‡*Bodas*. . . Obra de teatro del escritor español Federico García Lorca (1899–1936), escrita en 1933.

---

glass window

Se. . . One can tell / tanned

pero. . . but he looks great

al. . . since its plot was very complicated / took place

no. . . he was not cut out for it / gypsylike

compromised

le. . . he could hardly bear him / **Se**. . . He insisted on

to have an affair

sale. . . goes wrong

we would bang on

golpes. «No se inquieten —dijo—. Ahora mismo los saco de ahí».
Oímos unos ruidos metálicos, el ascensor subió un poco y al fin pudi-
mos abrir la puerta. El coronel inglés estaba encaramado a° una
escalera con una bata de seda, una especie de destornillador° o pun-
75   zón° en la mano y una pipa entre los dientes. Aquello podría ser el final
del acto primero: él en lo alto de la escalera, con un gesto entre curioso
y divertido, Edu atónito mirándolo como si fuera Dios Padre y yo un
poco avergonzada, porque el coronel me miraba los botones
desabrochados° de la blusa y también miraba a Edu y veintún años son
80   muchos años y eran las dos de la madrugada.

   Las escenas de la terraza servirían para destacar su caballerosidad y la índole especial de nuestras relaciones de vecindad. Cuando vi
el camión de las mudanzas° me eché a temblar: una familia con niños,
por ejemplo, o alguna vieja chismosa podía haber sido horrible. Afor-
85   tunadamente, llegó él solo. Lo vi una mañana al levantarme. Regaba°
las plantas de la terraza de su salón y al oír las puertas correderas° de
mi dormitorio levantó la cabeza y me hizo un gesto de saludo. Al día
siguiente se invirtieron los papeles, yo tomaba el sol —desnuda, como
ya he dicho— en mi terraza y oí que se abrían las puertas de su dormi-
90   torio. Casi inmediatamente volvieron a cerrarse y así han seguido, de
dos a tres de la tarde, durante estos cinco años. Creo que es un gesto al
antiguo estilo, muy de caballero, aunque yo también he tenido gestos
así con él, quiero decir de ese buen estilo, un poco demodé,° que ya no
es frecuente encontrar, ni en las relaciones de vecinos ni en las otras.
95   Por ejemplo: nunca lo miro cuando está escribiendo, a pesar de que
siento curiosidad y me gustaría hacerlo. Cuando yo me levanto él está
escribiendo en su terraza, sentado de cara a la sierra, con un montón
de folios sobre la mesa sujetos por un cenicero° y con varias plumas y
bolígrafos al lado. Nunca se vuelve al oír que yo abro las puertas, pero
100   tampoco escribe, se queda quieto fumando la pipa y mirando a lo lejos.
Supongo que le molesta que lo miren, a algunas personas les pasa y,
aunque es algo que me cuesta entender,° lo respeto, por eso bajo
enseguida al salón y hago ruido —arrastro° una silla o coloco la tum-
bona°— para que él sepa que no estoy observándolo.
105   Todo esto sería el segundo acto y es difícil de contar porque no
hubo ningún suceso destacado, sólo esos pequeños gestos cotidianos y
lo que yo llamo los ruidos involuntarios. Los dos somos discretos y
silenciosos, pero en este dúplex vergonzante es difícil no saber de la
vida del otro. Yo oigo entre sueños su despertador muy temprano,
110   hacia las siete y en seguida la ducha. Poco después de la una, cuando yo
me estoy levantando, él deja de escribir y sale a hacer deporte: footing,°

encaramado. . . climbed
upon / screwdriver
pick

unfastened

camión. . . moving van

He was watering
sliding

outdated

ashtray

algo. . . something I find
difficult to understand /

I haul / deck chair

jogging

tenis y natación; veo la ropa colgada en la terraza de la cocina. Por la tarde coincidimos muchas veces en el ascensor o en la escalera cuando estas dichosas máquinas no funcionan. Yo voy al teatro y él al perió-
115 dico, eso me lo ha dicho el conserje.° Nunca lo he visto con una mujer, pero hay que tener en cuenta que yo, excepto los lunes, vuelvo a casa a las dos de la madrugada y a esa hora él está durmiendo plácidamente. Algunas noches lo oigo roncar. Yo, por mi parte, procuro° no hacer ruido y cuando empecé con Edu pensé incluso en cambiar el dormito-
120 rio a otra habitación, pero, la verdad, nunca creí que lo de Edu fuera a durar tanto, y un día por otro lo fui dejando. . .

　　El tercer acto es cuando aparece María Jesús. Yo, al comienzo, no le di importancia, no más que a cualquier otra de las que aparecieron en estos cinco años. Es joven, guapa, con ganas de destacar: ni mejor
125 ni peor que todas las demás. Yo soy Susana Alba, la mejor, en esto no vamos a andar con subterfugios. Soy la mejor actriz y seguiré siéndolo aún muchos años. He trabajado con los mejores directores de Europa, he tenido premios en los Festivales de todo el mundo. Tengo cincuenta años. . . De pronto un día lo notas. Es algo estúpido, tienes sólo un día
130 más que ayer que te sentías llena de vida, que sentías que ese chico de veintinueve años te quiere, está enamorado de ti. Y de pronto te sientes vieja, te miras en el espejo y te ves vieja: un rostro que no reconoces, que no es el tuyo. Te apartas horrorizada, buscas una sombra cómplice para echar desde allí una nueva ojeada° al espejo, y en la penumbra° sí,
135 te encuentras otra vez, eres Susana Alba: el perfil griego, los ojos rasgados,° la boca sensible. . . Te acercas y desde la sombra va surgiendo otra vez una mujer que no quieres reconocer, una cara pálida y cansada, con la piel surcada° de finas arrugas,° con bolsas bajo los ojos; la cara de una vieja. Piensas que tendrás que acostumbrarte a esa ima-
140 gen, que es posible que a ratos reaparezca aún la antigua, una imagen fijada° en cientos de fotos y carteles que reproducen tu rostro de siempre, el tuyo, el que no debía variar, pero que cada día se irá imponiendo el nuevo, ése que ahora te mira desde el espejo; el rostro de una mujer que ha tomado una decisión. . .
145 　　Es algo que de repente ves, pero que viene incubándose desde mucho tiempo atrás. Quizá desde que revelé° las fotos del viaje a Grecia. Eduardo me había puesto mi pañuelo blanco por la cabeza: «como una vestal°». Supongo que también habría vestales viejas, pero uno nunca se las imagina así. Eran unas bonitas fotos, a pleno día, con el fondo de la
150 Acrópolis. . . y se me podían contar las arrugas una por una. Le dije que se había velado el carrete.° Después vinieron muchos días observándolo en los ensayos, viendo cómo miraba a María Jesús cuando se quitaba la

---

building superintendent

I try

glance / dimness

almond

furrowed / wrinkles

fixed

I developed

virgin priestess

se. . . the film roll was blurred

túnica: tiene unos pechos preciosos, erguidos y redondos y un bonito
color de piel. Al fin, una mañana en casa abres la ventana y a la luz del
155 día te miras en el espejo. Esa misma tarde se lo dije a José Luis: «quiero
que te lleves a Eduardo a la gira°». Nos conocemos desde hace muchos   tour
años y no hizo comentarios. Esa noche, mientras tomábamos nuestro
vaso de leche después del ensayo, me dio una palmada° en el hombro: tap
«estás mejor que nunca, Susana; sigues siendo única». Es una buena
160 persona José Luis, aunque a veces discutamos. Se fueron de gira hace
dos semanas. «Hablaremos a mi vuelta», dijo Edu, pero todo está
hablado, cuando vuelva dentro de tres meses no hará falta hablar.

   Desde que él se fue he trabajado a tope° y por las noches me   **he. . .** I have been working
tomo una pastilla para dormir. Lo peor es ese rato de dos a tres en que   too much
165 cierro los ojos y me tumbo a tomar el sol en la terraza. Cierro los ojos
y vuelvo a ver la cara de Edu, ese rostro que ha madurado junto a mí,
que en cinco años se ha hecho más firme sin perder la gracia de la
juventud. . . Saber que nunca más veré brillar el deseo en sus ojos,
recordar la ansiedad con que buscaba los míos, y el pequeño consuelo
170 de no haber visto en ellos el aburrimiento o la compasión. —«¿Por qué
quieres que me vaya, Susana? Te has enamorado de otro?»—. El mejor
papel de mi vida, el más difícil. —«Tú te has enamorado de otra y aún
no te has dado cuenta»—. Sonreír, acariciarle° la mejilla acallando sus   to caress
protestas, empujarlo a marchar sabiendo que es el final, que lo único
175 que puedo hacer es acabar ahora y hacerlo bien, dejando un buen
recuerdo, antes de que lleguen las mentiras y el cansancio y el cerrar
los ojos mientras piensa que es otra la que está en sus brazos. . . Saber
que no era sólo admiración, que no era interés, que me quiso de verdad
y fue feliz a mi lado, tan joven y tan guapo, nunca más alguien así, de
180 buen actor que lo mismo hubiera triunfado sin mi ayuda. Saber que es
el final y el comienzo de un largo descenso. Apretar los ojos pensando
en todas las viejas actrices que han seguido en la brecha,° tragándose   **han. . .** have remained at it
su soledad y su cansancio y sentir que las lágrimas me salen sin querer
a través de los párpados apretados y que empieza a dolerme la cabeza y
185 que esta noche, como todas las noches, sonreiré a los aplausos y a ese
señor que me echa un clavel° desde la fila primera, y me volveré a casa   **que. . .** who throws me a
en cuanto acabe porque estoy demasiado cansada, y me volveré sola. . .   carnation
Entonces me digo a mí misma que no vale de nada darle vueltas,° me   **no. . .** it is no use worrying
limpio los ojos, salto de la tumbona y me ducho con el agua a toda pre-   about it
190 sión. Como me sobran diez minutos me visto con calma y no me pinto
porque ya lo haré en el teatro.

   Al salir me encuentro al coronel inglés en el rellano,° mirando   landing
resignadamente el botón rojo del ascensor. Sonríe al verme, yo tam-

bién: «¿Hace mucho que espera?». Acentúa la sonrisa. «Hace cinco
195 años». Lo miro sorprendida. Estoy sin maquillar° y con los ojos de
haber llorado. La luz de la ventana del patio me da de lleno.° El ascensor se para con un chasquido,° él abre la puerta y me hace un gesto con
la mano sin dejar de mirarme sonriente. Yo también lo miro: es un
hombre fuerte, bien conservado y atractivo. Conozco muchos de sus
200 gustos y sus pequeñas manías,° es un caballero, vive solo y está
esperando. Desde hace cinco años. Siento que los ojos se me llenan de
lágrimas y bajo la cabeza al entrar en el ascensor. Creo que en ese
momento el telón debe comenzar a caer...

sin. . . without makeup

me. . . hits me full (in the face) / crack

idiosyncrasies

DESPUES DE LEER

¿Qué pasó?

Conteste las preguntas siguientes.

1. ¿Cuáles son los fallos de la casa donde vive Susana?

2. ¿Por qué dice ella que son fallos?

3. ¿Cuál es el trabajo de Susana? ¿el de su vecino?

4. ¿Cómo ayudó Susana a Eduardo en su trabajo?

5. ¿Por qué Susana y Eduardo se refieren al vecino de Susana como «el coronel inglés» antes de conocerlo? ¿Por qué continúan llamándolo así después?

6. ¿Cuáles son las manías de Susana? ¿las de su vecino?

7. ¿Quién es María Jesús?

8. ¿Por qué Susana no le mostró las fotos del viaje a Grecia a Eduardo? ¿Cuál fue su excusa?

9. ¿Por qué Susana prefiere que Eduardo se vaya de gira?

10. ¿Qué significado tienen las palabras finales del vecino de Susana?

¿Cuándo pasó?

Enumere las acciones en orden cronológico, como debieron haber ocurrido en la realidad.

_____ Susana piensa que Eduardo está enamorado de otra de las actrices.

_____ Susana trabaja mucho y se siente sola.

_____ Eduardo representa el papel de galán porque Susana insistió con el director.

_____ Un hombre que parece un coronel inglés se muda al piso que está al lado del piso de Susana.

_____ Susana compra una de las novelas escritas por su vecino.

_____ Susana se siente vieja de pronto.

_____ Susana se encuentra con su vecino mientras él espera el ascensor.

_____ Eduardo y Susana están encerrados en el ascensor y el vecino de Susana los ayuda a salir.

_____ Eduardo se va de gira con la compañía de teatro.

_____ Susana respeta las costumbres de su vecino, y él las de ella.

En otras palabras

A. *Vocabulario especial*   Haga una lista de todas las palabras relacionadas con el teatro que aparecen en el cuento.

B. *Definiciones*   Defina las palabras siguientes con una frase.

1. comedia

2. ascensor

3. protagonista

4. terraza

5. novela de espionaje

6. galán

7. (irse de) gira

8. telón

C. ¿Recuerda el sinónimo?   Escoja el número correspondiente.

1. piso   ___ diarios

2. fallos   ___ subido

3. enredo   ___ apartamento

4. encaramado   ___ tratar

5. folios   ___ bonita

6. cotidianos   ___ regreso

7. guapa   ___ defectos

8. vuelta   ___ complicación

9. procurar   ___ papeles

D. ¿Qué palabra falta?   Complete las oraciones con la palabra adecuada de la lista siguiente, haciendo los cambios que sean necesarios.

actriz	complacer	éxito	parecer
arrugas	despertador	galán	piso
ascensor	envejecer	gira	terraza
carrete	escritor	madrugada	velar

La narradora del cuento es una _____ que tenía mucho _____ . Su amigo era el _____ porque el director la _____ y le dio ese papel. Ahora él estaba en una _____ . Ella vivía en un _____ cuyo _____ estaba defectuoso. Su vecino era _____ pero _____ un coronel inglés. A ella le gustaba tomar el sol en la _____ . A veces ella llegaba por la _____ y temprano escuchaba el _____ de su vecino. Ella sabía que comenzaba a _____ y recordaba que no le había mostrado unas fotos a su amigo porque tenía muchas _____ . El creía que el _____ se había _____ .

Parecidas pero diferentes

Subraye las palabras entre paréntesis para completar la oración correctamente. Puede consultar el Apéndice A, «Parecidas pero diferentes», en la página 163, si necesita revisar el significado de las palabras.

1. El ascensor del edificio donde vivía Susana no (trabajaba/funcionaba) bien y nadie venía a (arreglarlo/fijarlo).

2. Susana se alegra cuando el coronel se (mueve/muda) al piso vecino porque prefiere a un hombre (quieto/tranquilo).

3. Un día el vecino (logró/sucedió) abrir la puerta del ascensor para sacar a Susana.

4. Ella estaba (avergonzada/embarazada) porque tenía los botones de la blusa desabrochados.

5. El vecino (miraba/parecía/aparecía) un hombre (solitario/sólo).

6. A Susana le gustaba (pasar/gastar) una hora en su terraza tomando el sol.

7. Cuando ella estaba (sentada/sentándose) en la terraza, el coronel (quedaba/se quedaba) dentro del piso.

8. El era escritor y cuando (sabía/conocía) que ella lo miraba, no escribía.

9. Susana (tenía éxito/sucedía) en el teatro.

10. Un señor siempre (atendía/asistía a) las representaciones de Susana y le tiraba un clavel.

11. Por influencia de ella, José Luis (deja/sale) que Edu (juegue/haga) el papel de galán de *Bodas de sangre*.

12. Susana cree que Edu está enamorado de María Jesús (desde/desde que/ya que/como) ella es más joven.

13. (Antes de/Ante) ese momento, Susana ya (se había dado cuenta de/había realizado) que se estaba (poniendo/volviendo) vieja.

14. (La primera vez/El primer tiempo) fue después del viaje a Grecia.

15. Cuando Edu se va de gira, Susana lo (falta/extraña/pierde) y (se aplica a/solicita) trabajar más que nunca.

16. El coronel (duró/tardó) cinco años en decirle a Susana que estaba interesado en ella.

Exprese su opinión

Conteste las preguntas siguientes.

1. ¿Qué ejemplos hay en el cuento de que las personas tienen la costumbre de juzgar por las apariencias? ¿Qué opina usted sobre esto?

2. ¿Cómo influye la profesión de Susana en el análisis que hace de su situación? ¿Conoce usted a alguien que identifique su vida personal con su vida profesional al extremo de no poder separarlas? Dé ejemplos.

3. ¿Tiene usted manías? ¿Cuáles son y cómo afectan la vida de otras personas?

4. ¿Por qué dice Susana que el final «era un final y al mismo tiempo un comienzo»? ¿Qué cree usted que les sucederá después a los personajes del cuento?

5. ¿Acaba bien esta historia? ¿Por qué?

6. ¿Qué problemas puede ocasionar la excesiva preocupación por la apariencia física? ¿Qué opina usted sobre esto?

Tema para crear

¿Cuál es la actitud de las personas ante la vejez? ¿Por qué? ¿Qué opina usted sobre esto? Escriba una composición sobre este asunto.

De dos en dos

¿En qué se parecen la narradora de este cuento y la protagonista de «El forastero y el candelabro de plata»? ¿Qué opina usted sobre la decisión que toma cada una de ellas? ¿Por qué lo hacen? ¿Tienen razón? ¿Con quién está usted de acuerdo? ¿Por qué?

Algo más

La relación amorosa de la narradora se complica cuando otra mujer entra en la escena. En el Apéndice C se dan instrucciones para encontrar información en la Red y en el Apéndice D se sugiere un vídeo relacionado con el tema.

13

Cartas a Rosa

Rosaura Sánchez
Estados Unidos

ANTES DE LEER

Vocabulario para la lectura

Estudie las palabras y frases siguientes.

1. **beca**   *scholarship*   La beca Ford me ha permitido emplear a tres estudiantes chicanos.
2. **no pegar los ojos**   *to be unable to sleep*   Ya son las dos de la mañana y no he podido pegar los ojos todavía.
3. **alboroto**   *commotion*   No he podido pegar los ojos todavía por un alboroto que hubo aquí.
4. **discutir**   *to argue*   Un padre de familia volvió a casa y se puso a discutir con el hijo mayor.
5. **patrulla**   *squad car*   Todos los vecinos vimos cuando llegó la patrulla.
6. **título**   *academic degree*   Yo preferiría tener un título de más prestigio.
7. **apaciguar**   *to calm down*   La policía tuvo que matar a un hombre borracho para apaciguarlo.
8. **reventar (ie)**   *to burst*   Creo que voy a reventar.
9. **balear**   *to shoot*   Balearon a un pobre viejo borracho.
10. **tambalearse**   *to stagger*   Balearon a un pobre viejo borracho que se tambaleaba.
11. **echar maldiciones**   *to curse*   Balearon a un pobre viejo borracho que se tambaleaba y le echaba maldiciones a su hijo.
12. **consentir (ie)**   *to allow*   La ley se lo consentiría todo.
13. **pedir (i) cuentas**   *to call to account*   Mañana iremos un grupo entero a la casa del alcalde a pedir cuentas.
14. **no hacer(le) caso**   *to ignore, take no notice*   Mi amá trató de apaciguarnos pero no le hacíamos caso.
15. **dar palos**   *to beat up*   Cuando llegó la policía nos comenzaron a dar palos.
16. **amparar**   *to protect*   Lo amparaba la ley.

17. **cargar**   *to load*   Esta mañana saqué mi 33, la cargué y me fui a esperar al Chon cuando salía de su casa para ir al trabajo.

18. **agarrar**   *to catch*   Me agarraron después.

19. **dispensar**   *to forgive*   Dispense nomás que le cuente.

20. **calabozo**   *jail*   Dispense nomás que le cuente pero pos se pone triste aquí en el calabozo.

¡Vamos a practicar!

Complete las oraciones con la forma adecuada de las palabras o frases de la lista de vocabulario.

1. Rolando recibió el _____ de ingeniero civil en mayo.

2. Sus padres no le _____ que llegue después de las once de la noche.

3. Una _____ de la policía recorre esas calles de la ciudad para evitar los robos nocturnos.

4. Le dieron una _____ para pagar los estudios universitarios.

5. La multitud estaba muy alborotada y las palabras del orador no pudieron _____ los nervios.

6. Los ladrones _____ su revólver contra la víctima.

7. El acusado empezó a insultar y a _____ a los abogados.

8. La víctima tuvo un golpe de gravedad en la cabeza porque le _____ varias veces.

9. Las autoridades _____ al sospechoso cuando trató de pagar con billetes falsos.

10. Si viajas a la prisión de Alcatraz, puedes visitar los _____ de algunos prisioneros famosos.

11. No estoy de acuerdo contigo, pero prefiero no _____ sobre ese asunto.

12. El niño _____ un poco porque todavía no camina bien.

13. La Sociedad Protectora de Animales _____ a los animales abandonados y trata de encontrarles hogar.

14. Cuidé el coche muy bien porque estoy seguro de que me van a _____ cuando lo devuelva.

15. El criminal no pudo _____ a muchas personas porque sólo tuvo tiempo para _____ el revólver con una bala.

16. Tengo sueño porque nuestros vecinos tuvieron una fiesta anoche hasta las dos de la madrugada y, a causa del _____ que hicieron, _____ .

17. La profesora me _____ por haber llegado tarde cuando le expliqué lo que me había sucedido.

18. Alfredo va a _____ porque su candidato no ganó el torneo y él está muy enojado.

19. Sus amigos le dan buenos consejos, pero él _____ .

Sobre la autora

Rosaura Sánchez *nació en 1941, en el barrio mexicano en la parte sur de San Angelo, Texas. Su familia era obrera y ella creció hablando español. Estudió en la Universidad de Texas en Austin, de donde recibió un doctorado en lingüística románica en 1974. Desde 1972 es profesora de literatura en la Universidad de California en San Diego. Además de la labor pedagógica, se dedica a la crítica y a la creación literarias. Ha escrito importantes trabajos sobre la literatura y el español de los chicanos. Le interesa el tema del bilingüismo y la combinación del español y el inglés en la forma de expresión de los chicanos, fenómeno lingüístico conocido como* code switching. *En sus obras trata con frecuencia la discriminación practicada por la cultura dominante y la asimilación de los chicanos a la sociedad estadounidense. Recientemente, la Universidad de Nuevo México publicó la antología* He Walked In and Sat Down and Other Stories *en una edición bilingüe.*

Usted sabe más de lo que cree

El cuento siguiente ofrece un buen ejemplo de una forma de narración muy popular entre los escritores contemporáneos: la imitación de la lengua oral. *En esta ocasión, hay cuatro narradores y todos se refieren al mismo hecho pero desde perspectivas diferentes. Una diferencia importante entre ellos es la clase social a la que pertenecen y el nivel de instrucción formal. La última carta intenta presentar la forma de expresión de una persona que no tiene muchos estudios. Aunque usted sabe que está leyendo una narración, tendrá la impresión de que la está oyendo. Observará que hay* oraciones muy cortas al lado de otras muy largas. *También podrá reconocer* errores de ortografía, palabras tomadas del inglés *(como* yarda *y* trosteo, *por ejemplo),* frases incompletas *y palabras de la* jerga (slang) *de los méxico-americanos. Mientras lee el cuento, recuerde la situación socioeconómica y emocional de cada narrador y busque ejemplos de este tipo de expresiones.*

Preguntas de orientación

Las preguntas siguientes le ayudarán a comprender mejor el cuento.

1. ¿Qué imagen de los Estados Unidos tienen las personas de otros países?

2. ¿Quiénes son los chicanos?

3. Cuando usted tiene algún problema, ¿a quién se lo cuenta y le pide consejos?

Preguntas de anticipación

Piense en las preguntas siguientes mientras lee el cuento.

1. ¿Cuál es la noticia de todas las cartas?

2. ¿Qué relación tiene la última persona con esta noticia?

3. ¿Cómo cambia la perspectiva de cada narrador según su nivel de relación con los hechos?

Cartas a Rosa

Las cartas que Rosa recibió ese día venían todas de Austin, Texas.

Rosa:

     Hace días que quería escribirte pero esta investigación que tengo en marcha° no me da tiempo para nada más. Como te conté, me vine a
5 vivir en una comunidad méxico-americana para estudiar el español de los hispano-hablantes tejanos en sus múltiples facetas y sus diversos contextos sociales. La beca Ford me ha permitido emplear a tres estudiantes chicanos de la Universidad que me ayudan en la recopilación magnetofónica° del habla local. Ya son las dos de la mañana y no he
10 podido pegar los ojos todavía por un alboroto que hubo aquí enfrente. Parece que un padre de familia luego de haberse embriagado° bastante, volvió a casa y se puso a discutir con el hijo mayor. La familia al ver que no dejaba de armar un escándalo, le habló a la policía. Todos los vecinos vimos cuando llegó la patrulla. El señor siguió dando gri-
15 tos° contra la familia, el hijo y la policía, hasta que de repente se oyeron varios tiros. Para cuando llegó la ambulancia el señor ya había muerto. Parece que la policía le disparó cuando éste los amenazó. Por lo menos así dicen algunos. Será un alivio terminar la investigación preliminar y volverme a San Diego.
20   Hasta pronto,
       Gabriela

Rosa:

     Te escribo para pedirte una carta de recomendación. Estoy apli-
25 cando para un scholarship. Quiero estudiar para mi masters en educación en la Universidad de aquí. Yo sé que tú me aconsejaste que estudiara con ese programa federal pero me han dicho que allí sólo van los que no pueden ser aceptados por ninguna universidad. Yo preferiría tener un título de más prestigio. Tengo muchísimo trabajo que hacer
30 pero también tengo muchísimo sueño porque anoche me desvelé.° Me fuí a pasar el fin de semana con mis padres que viven en el barrio y anoche pasó algo horrible. En la casa de enfrente la policía tuvo que matar a un hombre borracho para apaciguarlo. Dicen que quería golpear a su hijo y a su mujer cuando llegó de la cantina todo borracho. Yo
35 le digo a mi mamá y a mi papá que se salgan del barrio a otro lugar

tengo. . . I have underway

recopilación. . . tape recording

luego. . . after getting drunk

dando. . . shouting

I could not sleep / I stayed up very late

donde haya gente decente pero ellos están muy acostumbrados a su casa aquí en el barrio y no quieren mudarse. No sé cómo vamos a progresar los méxico-americanos si seguimos gastando todo el sueldo en la cantina sin importarnos nada más. A veces creo que tenemos la

40   culpa de todo lo que nos pasa. Por eso yo quiero estudiar más para poder enseñarles bien a los niños. La solución está en la educación. Bueno, aquí te mando los papeles que tienes que llenar.° Perdona que   **to fill out** te dé tanto trabajo.

    Beatriz

45   Rosa:

    Te escribo porque si no te cuento lo que ha pasado, creo que voy a reventar. Aquí en mi barrio la policía acaba de asesinar a un hombre. Nadie sabe cómo llegaron ni quién les llamó pero balearon a un pobre viejo borracho que se tambaleaba y le echaba maldiciones a su hijo que

50   hacía semanas que no se paraba por la casa de sus papás y allí había dejado a su mujer y a sus dos hijos. Uno de los policías al ver que no se apaciguaba sacó la pistola para amenazarlo.

    El vecino, don Samuel, al verlo le gritó que era un pinche desgraciado,° que necesitaba la pistola en la mano para sentirse hombre   **pinche. . .** poor bastard (Mexican slang)

55   porque no tenía güevos.° El policía entonces le disparó. Don Samuel entonces le mentó la madre[*] y el policía le disparó cuatro veces hasta que lo dejó bien muerto. Si no hubieran llegado las otras patrullas, allí hubiéramos destripado° nosotros al puto policía infeliz.° No me puedo dormir. Es como para darse uno de golpes contra la pared° porque la   **no. . .** he was not a real man (literally, he had no balls; therefore, impolite language)

60   chota° podría liquidarnos a todos y la ley se lo consentiría todo. Mañana iremos un grupo entero a casa del alcalde a pedir cuentas pero estoy segura que no sacaremos nada. Sólo aquí en el barrio se da uno cuenta de los problemas inmediatos y diarios. ¿Quién va a poderse concentrar en los estudios? Ya te escribiré otro día con más calma.   **killed** (literally, disemboweled) / **puto. . .** son-of-a-bitch cop / **Es. . .** It's enough to drive you crazy (literally, to make you hit your head against a wall) / police force (Mexican slang)

65   Marta

Srta. Rosa:

    Le escribo pos pa'[†] contarle y pa' ver qué me aconseja. Allá cuando anduve en el servicio° por Califas‡ y le gusaneaba a los libros°   **anduve. . .** I was doing military service / **le gusaneaba. . .** I was de noche, muchas veces después de su clase nos pusimos a periquear° y   interested in reading and

70   hasta a hablar de cosas muy gordas.° Y hora . . . pos déjeme contarle: studying (as a bookworm) / to chat / important

---

[*]En la cultura hispánica, la madre es una figura muy respetada. Si una persona menciona a la madre de otra en una discusión, esto se considera un gran insulto.
[†]Véase la nota en la página 96. Hay otras palabras así en el cuento: *amá, apá, taba.*
‡Una forma de referirse a California.

anoche la chota se echó a mi apá;° después cuando taba allá en la cocina oyendo a mi amá y a mis hermanas llorar en el cuarto de al lao,° me dio un escalofrío muy feo y por eso me decidí. No tengo a nadien con quien hablar porque no trosteo a nadien aquí. Pero mestoy sin-

75 tiendo culpable porque anoche mi apá y yo nos habíamos puesto a averiguar° cuando llegó de la cantina y me jalló° aquí. Hacía casi tres semanas que vía dejáo a mi mujer y a mis chamacos° aquí y me vía ido pal norte pa'ver si encontraba chambita° pero no hallaba nada más que de lavaplatos o de janitor y yo quería otra cosita mejor porque ya

80 estudié un poquito en el servicio y soy bueno pa'° los electronics. Pero no me quisieron dar jale° en ninguna parte. Y tanto me oye uno° de las industrias grandes del norte. Por fin en un lugar me dieron, en una fábrica de agujas para inyecciones y aunque no es exactamente lo que yo quería y sé que allí se quema uno hasta las pestañas, acepté la

85 chamba y me vine por mi vieja° y los chamacos. Como no les vía aven- táo ni con un nicle°—¿pos de ónde?—mi apá andaba enfadao y como a mí no me gusta que me digan nada, le contesté pa' tras° y allí empezó la alegata° que despertó a todo el vecindario. Mi amá trató de apaciguarnos pero no le hacíamos caso, le habló a la policía pa'que

90 viniera a apaciguarnos. Cuando llegó la policía nos comenzaron a dar palos allí en la yarda de enfrente. A mi apá le dio una rabia que quiso defenderse. Fue entonces que Chon, el policía chicano que vía llegao con un gringo, sacó la pistola. Mi apá quedó tirao allí.° El Chon no se

95 conformó hasta que lo dejó bien muerto° de cuatro tiros. El Chon hizo la suya° porque sabía muy bien que a él no le iban a hacer nada. Lo amparaba la ley. Ya lo mismo pasó cuando el chavalito aquel de doce años se robó el baloney del Seven-Eleven. La chota lo dejó tendido allí en la banqueta° y nadie tuvo que pagar por esa muerte. Anoche cuando

100 llegó el jefe de policía nos dijo que lo sentía mucho pero que había sido en defensa propia que había disparao el Chon contra mi apá. No, la ley no le iba a hacer nada al Chon. Por eso me lo bailé yo.° ¡Qué lástima que no esté aquí por estos rumbos° para que me aconseje! Esta mañana saqué mi 33, la cargué y me fui a esperar al Chon cuando salía de su

105 casa para ir al trabajo. Me agarraron después lo luego. Dispense nomás que le cuente pero pos se pone triste aquí en el calabozo.

    Sin más,

    Juan

---

se echó. . . killed my father / **cuarto. . .** the room next door§

to argue (Mexican slang) / **me. . .** he found me here.‖ children (Mexican slang)

work (Mexican slang)

soy. . . I have a knack for work (Mexican slang) / **tanto. . .** you hear so much

wife

no les vía. . . I had not even sent them a nickle /**contesté. . .** I answered back / argument

quedó. . . was left lying there

bien. . . completely dead / **hizo. . .** did as he pleased

sidewalk (Mexican)

me lo. . . I took care of him. / **que. . .** that you are not around

§Observe que falta la *d* en la palabra *lado > lao.* Hay otras palabras así en esta carta.
‖Observe que el narrador escribe aquí la palabra *halló* con *j*, pero en la próxima oración escribe correctamente *hallaba.*

DESPUES DE LEER

¿Qué pasó?

Conteste las preguntas siguientes.

1. ¿Por qué está Gabriela en Austin?

2. ¿Con qué propósito le escribe Beatriz la carta a Rosa?

3. ¿Dónde quiere estudiar Beatriz? ¿Por qué?

4. ¿Quién es don Samuel?

5. ¿Por qué ni Gabriela ni Beatriz pudieron dormir la noche anterior?

6. ¿Qué opina Marta sobre la policía y lo que hizo?

7. ¿Dónde está Juan cuando le escribe a Rosa? ¿Por qué?

8. ¿Cuánto tiempo hacía que Juan no veía a su familia? ¿Por qué?

9. ¿Quién llamó a la policía? ¿Por qué?

10. ¿Quién es Chon y qué opina Juan sobre lo que hizo?

11. ¿Cuáles son cinco ejemplos de influencia del inglés y de *code switching* en el cuento?

12. ¿Cómo es la relación entre Marta y su familia? ¿entre Juan y su familia?

¿Cierto o falso?

Diga si las oraciones siguientes son ciertas o falsas. En caso de que sean falsas, explique por qué.

1. Gabriela no está contenta en Austin y desea regresar a Houston.

2. Todos los narradores aceptan que el hombre muerto estaba borracho.

3. Los padres de Marta viven en el barrio y se quieren mudar a otro lugar.

4. El hombre regresó de la cantina y empezó a discutir con su esposa.

5. La esposa de Juan y sus dos hijos están en la casa de los padres de Juan.

6. Un grupo de vecinos va a hablar con el gobernador para pedir justicia.

7. Juan quería encontrar trabajo relacionado con la construcción.

8. El padre estaba enojado con Juan porque no le había enviado dinero a la familia.

9. Un policía gringo que acompañaba a Chon mató al padre de Juan.

10. Según el jefe de la policía, la policía mató al hombre en defensa propia.

En otras palabras

A. Definiciones   Defina las palabras siguientes con una frase.

1. beca

2. investigación

3. discutir

4. patrulla

5. aconsejar

6. sueldo

7. tambalearse

8. vecindario

9. conformarse

10. en defensa propia

B. ¿Recuerda el sinónimo?   Escoja el número correspondiente.

1. apaciguar   ____ golpear

2. embriagado   ____ ruido

3. no pegar los ojos ____ discusión

4. calabozo   ____ perdonar

5. alboroto   ____ calmar

6. sueldo   ____ enviar

7. amparar   ____ cárcel

8. dispensar   ____ desvelarse

9. dar palos   ____ disparar

10. alegata   ____ proteger

11. balear   ____ salario

12. mandar   ____ borracho

C. ¿Recuerda el antónimo?   Escoja el número correspondiente.

1. culpable   ___ detrás

2. gastar   ___ contento

3. llorar   ___ reír

4. consentir   ___ inocente

5. local   ___ atacar

6. enfrente   ___ ganar

7. preliminar   ___ prohibir

8. desvelarse   ___ universal

9. enfadado   ___ final

10. defender   ___ pegar los ojos

D. ¿Qué palabra falta?   Complete las oraciones con la palabra adecuada de la lista siguiente, haciendo los cambios que sean necesarios.

agarrar	balear	discutir	no pegar los ojos
alboroto	calabozo	echar maldiciones	patrulla
apaciguar	cargar	embriagado	pedir cuentas
amparar	destripar	no hacer caso	tambalearse

Varias personas le cuentan a Rosa que _____ porque hubo un _____ por la noche. Un hombre _____ porque llegó _____ de la cantina. Comenzó a _____ con su hijo y la esposa los quiso _____ . Ellos continuaron y _____ . Entonces ella llamó a una _____ . El hombre _____ y uno de los policías lo mató. Una de los testigos dijo que los vecinos tenían ganas de _____ al policía que _____ al hombre. Estaban muy enojados y decidieron _____ al alcalde. El hijo del muerto cree que la ley _____ al policía y decide _____ la pistola para vengar la muerte del padre. La policía lo _____ y lo lleva al _____ .

Parecidas pero diferentes

Subraye las palabras entre paréntesis para completar la oración correctamente. Puede consultar el Apéndice A, «Parecidas pero diferentes», en la página 163, si necesita revisar el significado de las palabras.

1. Una de las (cartas/letras) a Rosa es de una alumna que va a (aplicar/solicitar) para una beca y le (pregunta/pide) una recomendación.

2. Ella quiere estudiar para (ponerse/volverse/llegar a ser) maestra de niños.

3. Mientras está en Austin, vive con sus (padres/parientes) pero está (embarazada/avergonzada) del estilo de vida en el barrio.

4. Todas las personas que le escriben a Rosa le cuentan que no pudieron (dormir/tener sueño) por (una discusión/un argumento) entre un padre y su hijo.

5. El padre estaba enojado con su hijo porque él (dejó/salió) a su esposa y a sus hijos mientras (miraba/buscaba) trabajo en el norte.

6. El hijo (tenía/tenía que) encontrar trabajo para poder (soportar/mantener/apoyar) a su familia.

7. La madre llamó a la policía para (tratar/tratar de/probar) calmar al padre, pero la policía lo mató.

8. El hijo está en la cárcel porque decidió (fijar/arreglar) la situación de la muerte del padre matando al policía que le disparó.

9. (Desde/Ya que/Por que) el hijo (se siente/siente) triste y (sólo/solo), le escribe a su (vieja/antigua) profesora.

10. En este cuento, podemos enterarnos de los (sentidos/sentimientos) de distintos (personajes/caracteres) (ante/antes de) una misma situación.

Exprese su opinión

Conteste las preguntas siguientes.

1. ¿Qué conclusiones sacará Rosa de lo que sucedió después de leer la versión que cuatro personas diferentes tienen de los mismos hechos? ¿Qué cree usted que hará?

2. A Beatriz no le gusta que sus padres vivan en el barrio, pero ellos lo prefieren. ¿Quién tiene razón? ¿Por qué? ¿Con quién está usted de acuerdo?

3. Después de leer todas las cartas, ¿qué opina usted sobre la conducta de la policía? ¿Cómo debe tratar la policía a un ciudadano como don Samuel? Explique su respuesta.

4. ¿Por qué cree Marta que las protestas de la comunidad no tendrán éxito? ¿Cree usted que ella tiene razón? ¿Por qué opina usted así?

5. ¿Qué opina usted sobre el tema de la inmigración? ¿Cómo debe el gobierno tratar a los inmigrantes indocumentados? Explique su respuesta.

6. ¿Qué opina usted sobre el tema de la educación bilingüe? ¿Deben los inmigrantes conservar su lengua y su cultura? Explique su respuesta.

Tema para crear

Imagínese que usted es Rosa. Escoja a uno de los personajes, Gabriela, Beatriz, Marta o Juan, y contéstele su carta. Recuerde que usted ha leído todas las cartas y tiene más información que los autores individualmente.

De dos en dos

«Una carta de familia» y «Cartas a Rosa» comparten el mismo método narrativo: la carta. ¿Cómo son esas cartas? ¿Qué tienen en común? ¿Qué las diferencia?

Algo más

Este cuento trata un aspecto de la vida de la población hispana en los Estados Unidos. En el Apéndice C se dan instrucciones para encontrar información en la Red y en el Apéndice D se sugieren vídeos relacionados con el tema.

14

Tres hombres junto al río

René Marqués
Puerto Rico

ANTES DE LEER

Vocabulario para la lectura

Estudie las palabras y frases siguientes.

1. **hormiga** *ant* Vio la hormiga subir decidida.
2. **titubear** *to hesitate* Vio la hormiga titubear un instante y subir decidida.
3. **sombra** *shadow* Las sombras empezaban a alongarse en el bosque cercano.
4. **bosque (el)** *woods* Las sombras empezaban a alongarse en el bosque cercano.
5. **compartir** *to share* Sintió una gran gratitud hacia ellos por compartir su fe en el acto sacrílego.
6. **rabia** *fury* Apretó sus mandíbulas con rabia.
7. **infierno** *hell* Y la tierra tuvo un nombre, un nuevo nombre: Infierno.
8. **vientre (el)** *belly* Sus ojos se detuvieron en el vientre.
9. **hinchado/a** *swollen* El vientre estaba horriblemente hinchado.
10. **carne (la)** *flesh* Pensó que aquella carne era tan blanca como la pulpa del guamá.
11. **permanecer (permanezco)** *to remain* Su rostro permaneció duro como una piedra.
12. **hueso** *bone* ¿Hombre de carne y hueso, como nosotros?
13. **carcajada** *burst of laughter* Entre carcajadas oyó cómo repetían las voces: «¡Loco!» «¡Loco!»
14. **venganza** *vengeance, revenge* Surgiría de las aguas como un dios de la venganza.
15. **respirar** *to breathe* Hipnotizados, respiraban apenas.
16. **ronco/a** *hoarse* Echó al silencio de la noche el ronco sonido prolongado de su triunfo.

¡Vamos a practicar!

Complete las oraciones con la forma adecuada de las palabras o frases de la lista de vocabulario.

1. Los caníbales comen _____ humana.

2. El _____ tropical tiene especies únicas de flora y fauna.

3. Grité muchísimo en el partido de fútbol y ahora estoy _____ .

4. Para determinar la hora usando un reloj de sol, se necesita ver la dirección de la

    _____ .

5. Vamos a la montaña para _____ el aire puro.

6. Cuando no entendemos algo, es mejor no _____ y hacerle preguntas al profe-

    sor inmediatamente.

7. El boxeador recibió un golpe en un ojo y ahora lo tiene _____ .

8. Cuando mi perro está comiendo un _____ , no le interesa jugar conmigo.

9. Este insecticida mata _____ y cucarachas.

10. La familia de la víctima pide _____ .

11. Los chistes de mi padre siempre producen las _____ de toda la familia.

12. Creo que algo que comí me hizo daño porque ahora tengo dolor en el _____.

13. El hombre tenía mucha _____ y lo insultó.

14. El día de Navidad todas las tiendas _____ cerradas.

15. En las representaciones tradicionales del _____ , siempre hay fuego y

    muchos demonios que torturan a las personas condenadas.

16. Margarita y yo _____ el cuarto en la residencia estudiantil y somos buenas

    amigas.

Sobre el autor

René Marqués nació en Arecibo, Puerto Rico, en 1919 y murió en 1979. A pesar de que estudió agronomía, se dedicó al mundo de la literatura muy temprano. Caso único en la literatura puertorriqueña, cultivó todos los géneros aunque fue más conocido por su obra dramática. Llegó a ser el escritor puertorriqueño más reconocido y premiado no sólo en su país, sino en el exterior. En el año 1958 recibió todos los premios del Ateneo Puertorriqueño en las categorías de cuento, ensayo, novela y drama. El cuento incluido en esta antología ganó el Primer Premio del Cuento Histórico del Instituto de Cultura Puertorriqueña (1959) y pertenece al libro En una ciudad llamada San Juan *(1960). Es un ejemplo de cuento de asunto histórico porque se inspira en un hecho real: la rebelión indígena contra los conquistadores españoles en 1511, después de matar a Diego Salcedo.*

Usted sabe más de lo que cree

En el próximo cuento, usted tiene la oportunidad de contemplar el mundo a través de los ojos de un indio. Hay muchas palabras de los indios taínos que constituyen la forma de expresión espontánea y natural del personaje. Algunas se refieren a la flora (guayacán, tabonuco, majagua, achiote) *otras a la fauna* (higuacas, coquíes), *o están relacionadas con la vida diaria de los indios* (hamaca, dujo, nagua, fotuto, yuca, casabe) *y su organización social* (yucayeke, areyto), *política* (cacique, naborias, guasábara) *y religiosa* (cemí, cohoba, Yuquiyú, Jurakán). *Todas estas palabras aparecen en el Apéndice B, en la página 187. Es recomendable que estudie esta lista antes de leer el cuento. Luego lea el cuento una primera vez sólo para obtener la idea principal. Aunque las palabras de origen indio se encuentran traducidas o explicadas en las notas o en el Apéndice B, recuerde que puede tratar de adivinar su significado usando el contexto. Algunas, como* cacique, casabe, hamaca, yuca *y* Jurakán, *han entrado al inglés. ¿Puede usted reconocerlas? Cuando lea el cuento por segunda vez, ¿se podrían eliminar esas palabras o sustituirlas por palabras en español sin consecuencias para el cuento? ¿Por qué?*

Preguntas de orientación

Las preguntas siguientes le ayudarán a comprender mejor el cuento.

1. ¿Qué motivaciones tenían los conquistadores españoles cuando llegaron al territorio que luego se conoció como «el Nuevo Mundo»?

2. ¿Qué encontraron allí?

3. ¿Cómo fueron las relaciones entre los conquistadores y los habitantes del territorio conquistado?

Preguntas de anticipación

Piense en las preguntas siguientes mientras lee el cuento.

1. ¿Quiénes son los «tres hombres junto al río»?

2. ¿Cuánto tiempo hace que están allí y por qué?

3. ¿Qué descubren después de ese tiempo?

Tres hombres junto al río

Mataréis al Dios del Miedo, y sólo entonces seréis libres.
—R. M.

Vio la hormiga titubear un instante y al fin subir decidida por el lóbulo° y desaparecer luego en el oído del hombre. Como si hubiesen
5   percibido el alerta de un fotuto,° para él inaudible, las otras emprendieron° la misma ruta, sin vacilar siquiera,° invadiendo la oreja de un color tan absurdamente pálido.

Observaba en cuclillas,° como un cacique° en su dujo,° inmóvil, con la misma inexpresividad de un cemí° que hubiesen tallado° en
10   tronco de guayacán° en vez de labrado° en piedra. Seguía sin pestañear° la invasión de los insectos en la oreja del hombre. No experimentaba ansiedad, ni alegría, ni odio. Observaba, sencillamente. Un fenómeno ajeno a él,° fatal, inexorable.

El crepúsculo teñía° de achiote° el azul del cielo sobre aquel
15   claro junto al río. Pero las sombras empezaban a alongarse en el

lobe

horn

started / **sin...** without even hesitating

en... squatting / Indian chief / three-legged seat / idol / carved / chestnut-like bark tree / cut / blinking

ajeno... strange to him

dyed / orange-red

bosque cercano. Toda voz humana callaba ante el misterio. Sólo las higuacas° en la espesura° ponían una nota discordante en el monótono areyto° del coquí.°

parrots / thickness
song / small frog

20   Alzó la vista y vio a sus dos compañeros. En cuclillas también, inmóviles como él, observando al hombre cuya piel tenía ese color absurdo del casabe.° Pensó que la espera había sido larga. Dos veces el sol se había alzado sobre la Tierra del Altivo Señor* y otras tantas° la había abandonado. Sintió una gran gratitud hacia ellos. No por el valor demostrado. Ni siquiera por la paciencia en la espera, sino por compar-
25   tir su fe en el acto sacrílego.

bread (that is, white)
otras. . . *just as many*

Tenía sed, pero no quiso mirar hacia el río. El rumor de las aguas poseía ahora un sentido nuevo: voz agónica de un dios que musitara° cosas de muerte. No pudo menos que estremecerse.° *El frío baja ya de la montaña.* Pero en verdad no estaba seguro de que así fuese. *Es el*
30   *frío,* repitió para sí tercamente.° Y apretó sus mandíbulas° con rabia.

would mumble
No. . . *He could not help but to shudder.*
stubbornly / jaws

Era preciso estar seguro, seguro de algo en un mundo que súbitamente había perdido todo su sentido. Como si los dioses se hubiesen vuelto locos, y el Hombre sólo fuese una flor de majagua° lanzada al torbellino de un río, flotando apenas, a punto de naufragio,
35   girando, sin rumbo° ni destino, sobre las aguas. No como antes, cuando había un orden en las cosas de la tierra y de los dioses. Un orden cíclico para los hombres, la paz del yucayeke° y el ardor de la guasábara,° la bendición° de Yuquiyú° y la furia de Jurakán,° la vida siempre buena y la muerte mala siempre. Y un orden inmutable para
40   los dioses: vida eternamente invisible en lo alto de la Montaña. Todo en el universo había tenido un sentido, pues aquello que no lo tenía era obra de los dioses y había en ello una sabiduría° que no discutían los hombres, pues los hombres no son dioses y su única responsabilidad es vivir la vida buena, en plena libertad. Y defenderla contra los Caribes,†
45   que son parte del orden cíclico, la parte que procede de las tinieblas.° Pero nunca las tinieblas prevalecieron. Porque la vida libre es la luz. Y la luz ha de poner en fuga° a las tinieblas. Desde siempre. Desde que del mar surgiera° la Gran Montaña. Pero ocurrió la catástrofe. Y los dioses vinieron a habitar entre los hombres. Y la tierra tuvo un nom-
50   bre, un nuevo nombre: Infierno.

flowering textile tree
direction
town
battle / blessing / the good god / the evil god
wisdom
darkness
poner. . . *to put to flight*
came out

Desvió la vista° de sus dos compañeros y dejó escurrir su mirada° sobre el cuerpo tendido° junto al río. Sus ojos se detuvieron en el vientre. Estaba horriblemente hinchado. La presión había

Desvió. . . *He looked away*
dejó. . . *let his eyes wander / lying down*

---

*Tierra. . . significado en español de *Borinquen* (o *Boriquén*), el nombre que los indios le dieron a la isla de Puerto Rico.
†Indios que llegaron a las Antillas Menores procedentes del norte de América del Sur.

desgarrado las ropas y un trozo de piel quedaba al descubierto.° Pensó
55 que aquella carne era tan blanca como la pulpa del guamá.° Pero la
imagen le produjo una sensación de náusea. Como si hubiese inhalado
la primera bocanada° de humo sagrado en el ritual embriagante° de la
cohoba.° Y, sin embargo, no podía apartar los ojos de aquella protuberancia que tenía la forma mística de la Gran Montaña. Y a la luz cre-
60 puscular, le pareció que el vientre crecía° ante sus ojos. Monstruosamente
creciendo, amenazador, ocupando el claro junto al río, invadiendo la
espesura, creciendo siempre, extendiéndose por la tierra, destruyendo,
aplastando,° arrollando° los valles, absorbiendo dentro de sí los más
altos picos, extinguiendo la vida. . . ¿La vida?

65   Cerró los ojos bruscamente. *No creo en su poder. No creo.* Volvió
a mirar. Ya el mundo había recobrado su justa perspectiva. El vientre
hinchado era otra vez sólo eso. Sintió un gran alivio y pudo sonreír.
Pero no lo hizo. No permitió que a su rostro se asomara el más mínimo
reflejo de lo que en su interior pasaba. Había aprendido con los dioses
70 nuevos.

Ellos sonreían cuando odiaban. Tras de° su amistad se agaza-
paba° la muerte. Hablaban del amor y esclavizaban° al hombre. Tenían
una religión de caridad y perdón, y flagelaban° las espaldas de aquéllos
que deseaban servirles libremente. Decían tener la humildad del niño
75 misterioso nacido en un pesebre° y pisoteaban° con furiosa soberbia
los rostros de los vencidos.° Eran tan feroces como los Caribes.
Excepto quizás por el hecho de no comer carne de hombre. Eran
dioses, sin embargo. Lo eran por su aspecto, distinto a todo lo por el
hombre conocido.° Y por el trueno que encerraban sus fotutos
80 negros.° Eran dioses. *Mis amigos son dioses,* había dicho Agüeybana el
Viejo.‡

Sintió sobre sí la mirada de los otros, y alzó sus ojos hacia ellos.
Se miraron en silencio. Creyó que iban a decir algo, a sugerir quizás
que abandonaran la espera. Pero en los rostros amigos no pudo dis-
85 cernir inquietud o impaciencia. Sus miradas eran firmes, tranqui-
lizadoras. Casi como si fuesen ellos los que trataran de infundirle°
ánimo. Otra vez tuvo deseos de sonreír. Pero su rostro permaneció
duro como una piedra.

Alzó la cabeza para mirar a lo alto. Las nubes tenían ahora el
90 color de la tierra. Más arriba, no obstante,° había reflejos amarillos. Y
era justo que así fuese, porque ése era el color del metal que adoraban
los dioses nuevos. Y allá, en lo alto invisible llamado Cielo, donde

‡Principal jefe indio de la isla cuando los conquistadores españoles llegaron.

al. . . in the open
soft and downy pulp

puff / intoxicating
powders used as a
narcotic

was getting bigger

flattening / sweeping away

Tras. . . Behind
se. . . was crouching /
enslaved
would whip

manger / would trample on
defeated

todo. . . everything known
by man / **sus. . .** their guns

to instill

no. . . nevertheless

habitaba el dios supremo de los extraños seres, todo sin duda, sería amarillo. Raro, inexplicable dios supremo, que se hizo hombre, y 95 habitó entre los hombres y por éstos fue sacrificado.

—*¿Pero era hombre? ¿Hombre de carne y hueso, como nosotros?* —sorprendió con su pregunta al consejero° blanco de nagua° parda, y cabeza monda° como fruto de higüero.

adviser
short cotton skirt / bald

—*Sí, hijo mío. Hombre.*

100 —*¿Y lo mataron?*

—*Sí, lo mataron.*

—*¿Y murió de verdad°? ¿Como muere un hombre?*

de. . . really

—*Como muere un hombre. Pero al tercer día había resucitado.*

—*¿Resucitado?*

105 —*Se levantó de entre° los muertos. Volvió a la vida.*

de. . . from among

—*¿Al tercer día?*

—*Resucitado.*

—*Y si a ustedes los matan, ¿volverán a estar vivos al tercer día?*

—*Sólo resucitaremos para ser juzgados.*

110 —*¿Juzgados?*

—*En el Juicio del Dios Padre.*

—*¿Y cuándo será ese día?*

—*Cuando no exista el mundo.*

—*¿Tardará mucho?*

115 —*¿Mucho? Quizás. Cientos, miles de años.*

Y el dios de nagua parda había sonreído. Y posando° la mano derecha sobre su hombro desnudo, le empezó a hablar de cosas aún más extrañas, con voz que sonaba agridulce,° como la jagua.

laying

bittersweet

—*Tú también, hijo mío, si vivieras en la fe de Cristo, vivirías* 120 *eternamente. . .*

El oía la voz, pero ya no percibía las palabras. Ciertamente no tenía interés en vivir la eternidad bajo el yugo° de los dioses nuevos. Agüeybana el Viejo había muerto. Le sucedía ahora Agüeybana el Bravo.§ Eran otros tiempos. Y si la magia de los dioses blancos no 125 tenía el poder de volverlos a la vida hasta el fin del mundo. . .

yoke

La idea surgió súbita, como un fogonazo° lanzado° por Jurakán. Su ser, hasta las más hondas raíces, experimentó el aturdimiento.° Casi cayó de bruces.° Sintió un miedo espantoso de haberlo pensado. Pero simultáneamente surgió en él una sensación liberadora. Se puso 130 en pie con ganas de reír y llorar. Y echó a correr dando alaridos.°

powder flash / fired
bewilderment
de. . . flat on his face

dando. . . yelling

§Sucesor de Agüeybana el Viejo. En 1511 empezó la rebelión indígena contra los conquistadores españoles.

Atrás quedó la risa de los seres blancos. Y entre carcajadas oyó cómo repetían las voces: ¡Loco! ¡Loco!

Bajó la vista y observó la marcha implacable de las hormigas. Ya no subían por la ruta inicial del lóbulo. Habían asaltado la oreja por
135 todos los flancos y avanzaban en masa, atropelladamente, con una prisa desconcertante, como si en el interior del hombre se celebrase una gran guasábara.

—Necesito una prueba, una prueba de lo que dices.

—Yo te traeré la prueba —dijo él a Agüeybana el Bravo.

140 *Forjó el plan a solas. Insufló su fe en dos naborias° rebeldes. Cruzaron los tres el bosque y se pusieron en acecho.° Esperaron. Terminaba el día, cuando llegó a la orilla el hombre color de yuca.° Intentó dos veces vadear° el río. Podría creerse que no sabía nadar. O quizás sólo trataba de no echar a perder° sus ropas nuevas. Miedo no*
145 *sentiría. Era uno de los bravos. El lo sabía.*

Hizo seña° a los otros de que estuvieran listos. Y salió de la espesura. Saludó sonriendo. El podía conducir al dios blanco por un vado seguro. El otro, sin vacilar, le extendió la mano.

La mano color de yuca era fina como un helecho.° Y tibia como
150 el casabe que se ha tostado al sol. La suya, en cambio, ardía° como tea° encendida de tabonuco.° En el lugar previsto, dio un brutal tirón° de la mano blanca. Aprovechando la momentánea pérdida de equilibrio, se abalanzó° sobre el cuerpo. Y hundió sus dedos en el cuello fino, y sumergió la dorada° cabeza en el agua que se rompió en bur-
155 bujas.° Los otros ya habían acudido en su ayuda. Aquietaban tenazmente los convulsos movimientos, manteniendo todo el cuerpo bajo el agua. Y fluyó° el tiempo. Y fluyó el río. Y el fluir de la brisa sorprendió la inmovilidad de tres cuerpos en el acto sacrílego.

Se miraron. Esperaban una manifestación de magia. No podían
160 evitar el esperarlo. Surgiría de las aguas como un dios de la venganza.

Pero el dios no se movía. Lo sacaron de las aguas. Y tendieron sus despojos° en un claro junto al río.

—Esperemos a que el sol muera y nazca por tres veces —dijo él.
Esperaban en cuclillas. Se iniciaba el día tercero y la cosa nunca
165 vista aún podía suceder.

Desde el río subió súbito un viento helado° que agitó las yerbas junto al cuerpo. Y el hedor° subió hasta ellos. Y los tres aspiraron aquel vaho° repugnante con fruición,° con deleite casi. Las miradas convergieron en un punto: el vientre hinchado.
170 Había crecido desmesuradamente.° Por la tela desgarrada quedaba ya al desnudo todo el tope° de piel tirante° y lívida. Hipnotizados,

Glossary (right margin):

domestic Indian servants
en. . . on watch
edible white root
to ford
echar. . . to ruin

Hizo. . . He signalled

fern
was burning
torch / resinous bark / tug

se. . . he rushed
golden / bubbles

flowed

remains

icy
stench
smell / enjoyment

extremely
upper part / tight

no podían apartar sus ojos de aquella cosa monstruosa. Respiraban apenas. También la tierra contenía su aliento.° Callaban las higuacas en el bosque. No se oían los coquíes. Allá abajo, el río enmudeció el rumor del agua. Y la brisa se detuvo para dar paso al° silencio. Los tres hombres esperaban. De pronto ocurrió, ocurrió ante sus ojos.

contenía. . . was holding its breath

dar. . . to open the way to

    Fue un estampido de espanto.° El vientre hinchado se abrió esparciendo° por los aires toda la podredumbre° que puede contener un hombre. El hedor era capaz de ahuyentar° una centena. Pero ellos eran tres. Sólo tres. Y permanecieron quietos.

un. . . a frightening bang
spreading / rottenness
to scare away

    Hasta que él se puso en pie y dijo:

—No son dioses.

    A una seña suya, los otros procedieron a colocar los despojos en una hamaca de algodón azul. Luego cada cual se echó un extremo de la hamaca al hombro.° Inmóviles ya, esperaron sus órdenes.

cada. . . each one took upon his shoulder a corner of the hammock

    Los miró un instante con ternura. Sonriendo al fin, dio la señal de partida.

—*Será libre mi pueblo. Será libre.*

    No lo dijo. Lo pensó tan sólo. Y acercando sus labios al fotuto, echó al silencio de la noche el ronco sonido prolongado de su triunfo.

DESPUES DE LEER

¿Qué pasó?

Conteste las preguntas siguientes.

1. ¿Cómo había sido el mundo antes de la llegada de los españoles?

2. ¿Quiénes y cómo eran «los dioses nuevos»?

3. ¿Por qué creía el indio que el cielo sería amarillo?

4. ¿Qué aprendió el indio del «consejero blanco de nagua parda»? ¿Quién cree usted que era él?

5. ¿Qué hizo el indio después de aprender esto?

6. ¿Qué diferencias decía el indio que había entre Agüeybana el Viejo y Agüeybana el Bravo?

7. ¿Cuál era el plan de los indios? ¿Por qué?

8. ¿Por qué dice el indio al final «Será libre mi pueblo»?

¿Cuándo pasó?

Enumere las acciones en orden cronológico, como debieron haber ocurrido en la realidad.

_____ El indio hace caer al río al español y, con la ayuda de los otros dos indios, le impide salir.

_____ Los indios reciben clases de religión donde les enseñan que Jesucristo resucitó después de tres días porque era dios.

_____ El nuevo cacique no es amigo de los conquistadores y, después de escuchar el plan del indio, le pide una prueba.

_____ Un español quiere cruzar el río y el indio le ofrece ayuda.

_____ Después de los tres días, el español no resucita.

_____ Los conquistadores españoles llegan a la isla y los indios creen que son dioses.

_____ El indio busca la ayuda de otros dos indios y juntos van a un río donde es difícil y peligroso cruzar.

_____ Los indios regresan con la prueba que el cacique les había pedido.

_____ Uno de los indios aprende que los españoles resucitarán después del fin del mundo y concibe un plan.

_____ Los tres indios esperan por tres días al lado del español muerto.

En otras palabras

A. Definiciones   Defina las palabras siguientes con una frase.

1. crepúsculo

2. bosque

3. sacrílego

4. naufragio

5. pesebre

6. resucitar

7. carcajada

B. ¿Recuerda el sinónimo?   Escoja el número correspondiente.

1. titubear   ___ oscuridad

2. rumor   ___ vivir

3. trozo   ___ romper

4. furia   ___ frío

5. habitar   ___ ruido

6. desgarrar   ___ rabia

7. helado   ___ vacilar

8. tinieblas   ___ pedazo

C. ¿Recuerda el antónimo?   Escoja el número correspondiente.

1. odio   ___ derrota

2. alzar   ___ oscuro

3. partida   ___ amor

4. cerca   ___ despedir

5. triunfo   ___ frío

6. sacrílego   ___ bajar

7. pálido   ___ lejos

8. saludar   ___ sagrado

9. tibio   ___ llegada

D. ¿Qué palabra falta?   Complete las oraciones con la palabra adecuada de la lista siguiente, haciendo los cambios que sean necesarios.

cacique	esclavizar	odio	saludar
despojos	estremecerse	respirar	vadear
dioses	hinchado	resucitar	vientre
en cuclillas	infierno		

Cuando un soldado español quiso _____ un río, un indio lo _____ y le ofreció ayuda. Entonces le sumergió el cuerpo en el agua hasta que el español murió. Con otros dos indios observaba sus _____ , especialmente su _____ porque estaba muy _____ . Los indios estaban _____ y no tenían _____ sino curiosidad. Uno de ellos _____ porque hacía un poco de frío. Los otros estaban tan concentrados que casi no _____ .

Desde la llegada de los españoles, la tierra era un _____ porque _____ a los indios. Sin embargo, ellos creían que los conquistadores eran _____ . Si esto era cierto, el soldado muerto debía _____ . Esta era la prueba que el _____ le había pedido al indio que tuvo la idea.

Parecidas pero diferentes

Subraye las palabras entre paréntesis para completar la oración correctamente. Puede consultar el Apéndice A, «Parecidas pero diferentes», en la página 163, si necesita revisar el significado de las palabras.

1. (Ante/Antes) de la llegada de los conquistadores españoles, los indios (crecían/cultivaban) muchos alimentos que los europeos no (sabían/conocían), como la yuca.

2. El (asunto/sujeto) de esta narración procede de (la historia/el cuento) de Puerto Rico.

3. Posiblemente, (los hechos/las fechas/las citas) de este cuento (sucedieron/lograron/tuvieron éxito) aproximadamente entre 1510 y 1511, (la fecha/la cita/el hecho) de la rebelión de los indios contra los españoles en Puerto Rico.

4. Los misioneros españoles (trataron/trataron de/probaron) enseñarles la religión católica a los indios aunque éstos no querían (volverse/hacerse) cristianos.

5. (Desde/Como/Porque) los españoles no (se parecían a/parecían/aparecían) los indios, éstos (pensaban/pensaban en) que aquéllos eran dioses y tenían (un sentimiento/una sensación) de inferioridad.

6. El cacique no dudó de la teoría de su (súbdito/sujeto), (pero/sino que) le (pidió/preguntó) una prueba para (soportarla/sostenerla/apoyarla).

7. Ellos (miraron/buscaron) un lugar (sólo/solitario/sencillo) donde (probar/tratar) la teoría.

8. (Tuvieron éxito/Lograron/Sucedieron) y no (tardaron/duraron) en encontrar a la víctima (porque/como/desde) pronto (apareció/pareció) un español (soltero/solitario/solo) que (trataba/trataba de/probaba) cruzar el río.

9. (Como/Desde/Porque) el español no (sabía/conocía) el lugar, aceptó la ayuda del indio (desconocido/extraño/ajeno) sin ninguna sospecha.

10. La espera no (tardaría/duraría) mucho: (sólo/único) tres días, lo necesario para confirmar (el dato/la fecha/el hecho) que había explicado el consejero blanco.

11. Durante (esta hora/esta época/esta vez/este tiempo) el español no se (movió/mudó) y los indios no lo (dejaron/salieron) en ningún momento.

12. (Aparecía/Parecía) que su vientre (crecía/cultivaba) constantemente y que cada (vez/tiempo) era más (largo/grande), hasta que estalló.

13. De este modo, los indios (supieron/conocieron) que los (extraños/extranjeros) no eran dioses.

14. Ellos (dejaron/dejaron de) tener miedo y (se sintieron/sintieron) (gratis/libres) para luchar contra los españoles que habían cambiado (el orden/la orden) de su mundo.

15. Los indios no se comunicaban con palabras (sino/pero) con (señales/signos/letreros).

16. (El mismo indio/El indio mismo) que planeó la acción también dio (el orden/la orden) de regresar y sin (gastar/perder) un momento, todos (volvieron/devolvieron) a ver al cacique.

17. Ellos no (salieron/dejaron) el cuerpo del español junto al río porque ésa era la prueba que necesitaban.

Exprese su opinión

Conteste las preguntas siguientes.

1. Según el cuento, ¿por qué no se habían rebelado los indios antes contra los conquistadores? ¿Qué opina usted sobre esto?

2. ¿Son adecuadas las palabras del epígrafe del cuento? ¿Qué relación hay entre ellas y el cuento?

3. ¿Qué opina usted sobre el plan que tuvo el indio? ¿Por qué?

4. Además de España, ¿qué otros países europeos tuvieron o todavía tienen colonias en el hemisferio occidental? ¿Cuáles son los países y sus colonias? ¿Qué efectos ha tenido esta relación en ellas?

5. ¿Qué se conmemoró en 1992? Hay dos actitudes opuestas ante esa fecha. ¿Cuáles son y qué justificación tienen? ¿Qué opina usted sobre esto?

6. ¿Cree usted que la revolución popular contra el gobierno está justificada alguna vez? ¿Cuándo? ¿Por qué?

Tema para crear

Busque información sobre las civilizaciones precolombinas y escriba una composición sobre las consecuencias, positivas y negativas, del contacto entre los europeos y los nativos.

De dos en dos

En «El crimen perfecto», el narrador confiesa haber cometido un asesinato. En «Tres hombres junto al río», nos enteramos de un asesinato cometido por los tres hombres del título. ¿Qué motiva a todas estas personas? ¿Cómo llevan a cabo su plan? ¿Qué consecuencias tiene su decisión? ¿Qué tienen en común estos personajes? ¿Qué los diferencia?

Algo más

Las enseñanzas de los misioneros tienen resultados inesperados cuando tres hombres las ponen en práctica. En el Apéndice C se dan instrucciones para encontrar información en la Red y en el Apéndice D se sugieren vídeos relacionados con el tema.

Apéndice A

Parecidas pero diferentes

I. INDICE

Para encontrar el significado de la palabra en español, busque bajo la palabra en inglés en la segunda parte de este apéndice.

ahorrar	save	conocer	know
ajeno	strange	conservar	save
alcanzar	succeed	convertirse	become
anciano	old	copa	cup, glass
andar	work	correcto	right
ante	before	corto	short
anteojos	glass	crecer	grow
antes	before	criar	grow
antiguo	old	cristal	glass
aparecer	look	cuadra	block
aplicar	apply	cuenta	story
aplicarse	apply	cuento	story
apoyar	support	cuerdo	sane
argumento	argument	cultivar	grow
arreglar	fix	darse cuenta	realize
asignatura	subject	dato	date
asistir	attend	debido a que	since
asunto	subject	dejar	leave
atender	attend	dejar de	stop
avergonzado	embarrassed	derecha	right
ayudar	attend	derecho	right
bajo	short	desconocido	strange
baraja	card	desde	since
bloque	block	desperdiciar	waste
breve	short	devolver	return
buscar	look	discusión	argument
callado	quiet	doler	hurt
campo	country	dormir	sleep
carta	letter, card	durar	last
cartel	sign	echar de menos	miss
cita	date	embarazada	embarrassed
colegio	college	época	time
como	since	espejuelos	glass
compañero	date	extranjero	strange

extrañar	miss	negar	deny
extraño	strange	negarse a	deny
faltar	miss	norma	policy
fecha	date	ocurrir	succeed
fijar	fix	ofender	hurt
fijarse	fix	orden	order
firmar	sign	padres	parents
forastero	strange	país	country
funcionar	work	parar	stop
gafas	glass	parecer	look
gastar	spend, waste	parecerse	look
gran	large	parientes	parents
grande	large	pasar	spend
gratis	free	patria	country
grosero	gross	pedido	order
grueso	gross	pedir	ask
guardar	save	pensar	think
haber	have	perder	miss, waste
hacer señas	sign	pero	but
hacer un papel	play	policía	policy
hacer una pregunta	ask	política	policy
hacerse	become	póliza	policy
hacerse daño	hurt	ponerse	become
hechos	date	porque	since
herida	injury	posición	position
herir	hurt	preguntar	ask
historia	story	presentar	introduce
hora	time	probar	try
injuria	injury	probarse	try
introducir	introduce	puesto	position
jugar	play	quedar	remain
largo	large	quedarse	remain
lentes	glass	quieto	quiet
letra	letter	quitar	take
letrero	sign	quitarse	take
libre	free	rato	rate
lograr	succeed	real	real
llegar a ser	become	realizar	realize
llevar	take	reanudar	resume
mantener	save	recuerdo	memory
materia	subject	regresar	return
memoria	memory	resumir	resume
mirar	look	ritmo	rate
mismo	same	saber	know
mover	move	salir	leave
mudar	move	salvar	save
naipe	card	sano	sane

seña	sign	tarjeta	card
señal	sign	tasa	rate
sencillo	only	taza	cup
sensación	feeling	tener	have
sentado	sitting	tener éxito	succeed
sentándose	sitting	tener que	have
sentido	feeling	tener sueño	sleep
sentimiento	feeling	tiempo	time
sentir	feel	tocar	play
sentirse	feel	tomar	take
signo	sign	trabajar	work
sino	but	trabajo	position
solicitar	apply	tranquilo	quiet
solitario	only	tratar	try
solo	only	tratarse	try
sólo	only	único	only
soltero	only	universidad	college
soñar	sleep	vaso	glass
soportar	support	verdadero	real
sostener	support	vez	time
súbdito	subject	vidrio	glass
suceder	succeed	viejo	old
sujeto	subject	volver	return
tardar	last	volverse	become
tarifa	rate	ya que	since

II. SIGNIFICADOS

APPLY

solicitar—to apply, to request
aplicar(se)—to apply, to put on
aplicarse (en)—to work hard, to apply oneself
aplicarse (a/en + inf.)—to dedicate oneself

Voy a solicitar ese empleo y necesito una recomendación.

I am going to apply for that job, and I need a recommendation.

Cuando me duelen las piernas, me aplico una crema medicinal.

When my legs hurt, I apply a medicated cream.

Si quieres sacar buenas notas, debes aplicarte en los estudios.

If you want to get good grades, you should study hard.

Desea ser concertista, pero no quiere aplicarse a practicar más de una hora diaria.

He wants to be a concert performer, but he does not want to dedicate himself to practicing more than one hour daily.

ARGUMENT

discusión—argument (between people)
argumento—plot (in a story/movie); reasoning

Pedro y Jaime no se hablan desde la discusión que tuvieron.

Pedro and Jaime do not talk to each other since the argument they had.

El argumento de esa novela es muy complicado.

The plot of that novel is very complicated.

ASK

pedir—to ask for something, to request, to order (as in a restaurant)
preguntar—to ask (a question)
hacer una pregunta—to ask a question

Pedimos vino blanco porque vamos a comer pescado.

We asked for white wine because we are going to eat fish.

Pregúntale cuánto cuesta ese cuadro.

Ask him how much that picture is.

A esa edad los niños hacen preguntas constantemente.

At that age children ask questions constantly.

ATTEND

asistir (a)—to attend, to go to
atender—to wait on; to pay attention to
ayudar—to assist, to help

Es obligatorio asistir a clases y atender a la maestra.

It is mandatory to attend classes and pay attention to the teacher.

La camarera nos atendió rápidamente.

The waitress waited on us quickly.

Mi hermana me ayudó con los ejercicios más difíciles.

My sister helped me with the harder exercises.

BECOME

convertirse (en + n.)—to turn into, to be (physically) transformed into
volverse (+ adj.)—to turn, to become by chance
ponerse (+ adj.)—to become; to take on a certain state, emotion, or condition
hacerse (+ adj./n.)—to become (by one's own effort)
llegar a ser (+ adj./n.)—to become (after a long process)

Cuando la princesa la besó, la rana se convirtió en príncipe.	*When the princess kissed it, the frog turned into a prince.*
El hombre no pudo soportar la mala noticia y se volvió loco.	*The man could not tolerate the bad news and went crazy.*
Mi padre se puso furioso cuando recibió la cuenta del teléfono.	*My father became angry when he received the phone bill.*
Su mayor ambición es hacerse médico.	*His greatest ambition is to become a doctor.*
Pese a sus fracasos iniciales, llegó a ser una escritora famosa.	*Despite her initial failures, she became a famous writer.*

BEFORE

ante—before, in the presence of
antes (adv.)—before (in time)
antes de—before (sequence)

Cuando las personas están ante el rey o la reina, hacen una reverencia.	*When people are before the king or the queen, they bow.*
Llegaré antes que tú porque vivo más cerca.	*I will arrive before you do because I live closer.*
Nunca había leído tantos cuentos antes de esta clase.	*I had never read so many stories before this class.*

BLOCK

cuadra—block (of houses), city block (Latin America)
bloque—block (for building)

Vivimos a dos cuadras del hotel.	*We live two blocks from the hotel.*
Usamos bloques de cemento para construir esas casas.	*We use cement blocks to build those houses.*

BUT

pero—but (adds information)
sino (que)—but rather, but instead

Quiero ir al cine, pero no tengo suficiente dinero.	*I want to go to the movies, but I do not have enough money.*
No necesito dinero sino tiempo.	*I do not need money but time.*

CARD

tarjeta—card
carta—letter
carta/naipe/baraja—card (in a game)

Siempre me envían tarjetas de todas las ciudades que visitan.

They always send me cards from all the cities they visit.

Acabo de recibir una carta de mis padres.

I have just received a letter from my parents.

Si tienes tiempo, podemos jugar a las cartas.

If you have time, we can play cards.

COLLEGE

colegio—school (usually private)
universidad—college, university

Me gustaba ese colegio porque no tenía mucha tarea.

I liked that school because I did not have much homework.

Solicité a cuatro universidades, pero sólo una me aceptó.

I applied to four colleges, but only one accepted me.

COUNTRY

campo—country, rural or agricultural area
país—country, nation
patria—homeland

Los fines de semana vamos al campo para relajarnos.

On weekends we go to the country to relax.

¿Cuántos millones de personas viven en este país?

How many million people live in this country?

Los inmigrantes siempre recuerdan su patria con cariño.

Immigrants always remember their homeland fondly.

CUP

copa—wine glass, goblet
taza—cup (generally for coffee or tea)

La copa alta es para el champán.

The tall goblet is for champagne.

Se me rompió la taza cuando la estaba lavando.

I broke the cup when I was washing it.

DATE

fecha—date (calendar)
cita—date, appointment, arranged meeting
compañero/a—date (when referring to a person)
dato—piece of data, information
hechos—facts

¿Cuál es la fecha de hoy?	*What is today's date?*
¡No llegues tarde a la cita!	*Don't be late to your date!*
¿Quién es tu compañero para el baile de mañana?	*Who is your date for tomorrow's dance?*
El detective necesita más datos para resolver el crimen.	*The detective needs more data to solve the crime.*
Los científicos sólo confían en hechos comprobables.	*Scientists only trust verifiable facts.*

DENY

negar—to deny
negarse (a + inf.)—to refuse

El acusado niega que haya cometido el crimen.	*The defendant denies having committed the crime.*
Miguelito se niega a comer espinacas.	*Miguelito refuses to eat spinach.*

EMBARRASSED

avergonzado/a—embarrassed, ashamed
embarazada—pregnant

El está avergonzado porque no recordaba el nombre de ella.	*He was embarrassed because he did not remember her name.*
Rosa está muy emocionada porque está embarazada por primera vez.	*Rosa is very excited because she is pregnant for the first time.*

FEEL

sentir—to feel (+ n.); to hear, to perceive; to regret
sentirse—to feel (+ adj.) a certain way

Voy a ponerme el abrigo porque siento frío.

Estábamos durmiendo cuando sentimos el ruido.

Siento que ustedes no puedan venir a la fiesta.

Los padres se sienten orgullosos de sus hijos.

I am going to put on my coat because I feel cold.

We were sleeping when we heard the noise.

I regret that you cannot come to the party.

Parents feel proud of their children.

FEELING

sentido—sense; meaning
sentimiento—feeling (emotional)
sensación—feeling (physical)

Esta oración no tiene sentido.

El odio es un sentimiento dañino.

Voy a ir al médico porque tengo una sensación extraña en el brazo.

That sentence makes no sense.

Hatred is a harmful feeling.

I am going to the doctor because I have a strange feeling in my arm.

FIX

arreglar—to fix, to repair
fijar—to fix, to set; to establish; to affix
fijarse (en)—to notice

Creo que no me arreglaron bien el reloj porque no funciona.

Si la tienda fija los precios, no podemos regatear.

¿Te fijaste en la mujer que llevaba aquel sombrero tan extraño?

I don't think they fixed my watch well because it does not work.

If the store sets the prices, we cannot haggle.

Did you notice that woman who was wearing such a strange hat?

FREE

libre—free, unoccupied; at liberty
gratis—free (of charge)

El tren estaba repleto y no había ni un asiento libre.

Leí que el acusado estaba libre porque el abogado demostró que era inocente.

Puedes llevarte todos los que quieras; son gratis.

The train was full, and there was not a single unoccupied seat.

I read that the defendant was free because the lawyer showed that he was innocent.

You can take all you want; they are free.

GLASS

anteojos, espejuelos, gafas, lentes—eyeglasses
copa—wine glass, goblet (with stem)
vaso—drinking glass
cristal, vidrio—glass (material)

No veo nada sin los lentes.

I don't see anything without my glasses.

Las copas van a la izquierda de los vasos.

Goblets go to the left of the glasses.

La lámpara se cayó y hay pedazos de vidrio en el suelo.

The lamp fell, and there are pieces of glass on the floor.

GROSS

grueso/a—fat
grosero/a—gross, rude

Pedro come mucho, pero no está grueso.

Pedro eats a lot, but he is not fat.

No me cae bien Julio porque siempre hace comentarios groseros.

I don't like Julio because he always makes rude comments.

GROW

crecer—to grow, to increase in size
cultivar—to grow; to cultivate plants, vegetables, etc.
criar—to raise children, animals

Daniel ha crecido tanto que está más alto que su padre.

Daniel has grown so much that he is taller than his father.

Viven en una finca enorme y pueden cultivar vegetales y criar caballos.

They live on a huge farm, and they can grow vegetables and raise horses.

HAVE

haber—auxiliary verb used with past participles
tener—to have
tener que (+ inf.)—to have to (do something)

Ya he terminado todos los ejercicios y ahora puedo jugar.

I have finished all of the exercises, and now I can play.

Tengo que estudiar mucho para el examen que tengo mañana.

I have to study a lot for the exam I have tomorrow.

HURT

doler—to hurt (cause pain)
herir—to wound
hacerse daño—to get hurt
ofender—to hurt someone's feelings

¿Dónde le duele? —le preguntó el médico.	*"Where does it hurt?" the doctor asked.*
Fue un milagro que la explosión no hiriera a nadie.	*It was a miracle that the explosion did not hurt anybody.*
Estaba jugando al fútbol y se hizo daño en la espalda.	*He was playing football, and he hurt his back.*
Sus palabras me ofendieron.	*His words hurt me.*

INJURY

herida—injury, wound
injuria—insult, slander

El soldado recibió heridas graves en la batalla.	*The soldier received serious injuries in battle.*
¿No vas a defenderte de esas injurias?	*Aren't you going to defend yourself against those insults?*

INTRODUCE

introducir—to introduce, to put inside
presentar—to introduce, to present (one person to another)

Ten cuidado de no introducir el dedo en el agujero.	*Be careful not to put your finger in the hole.*
Déjame presentarte a mi compañera de cuarto.	*Let me introduce you to my roommate.*

KNOW

saber—to know (information)
saber (+ inf.)—to know how (to do something)
conocer—to know, to be acquainted with (people/places); to be familiar with (information)

¿Sabías que Margarita ha estado enferma?	*Did you know that Margarita has been ill?*
Hoy día pocas chicas saben coser.	*Nowadays few young women know how to sew.*
De todas las ciudades españolas que conozco, mi favorita es Madrid.	*Of all the Spanish cities that I know, my favorite is Madrid.*

LARGE

largo/a—long
grande—large, big
gran—great (placed before a singular noun)

Este capítulo es largo y aburrido.	*This chapter is long and boring.*
Compraron un apartamento grande en la playa.	*They bought a large apartment at the beach.*
Fue una gran fiesta y nos divertimos mucho.	*It was a great party, and we had a lot of fun.*

LAST

tardar (+ time + en + inf.)—to take (time to do something)
durar—to take, to last

Si vamos en tren, tardaremos cinco horas en llegar porque es más lento.	*If we go by train, it will take us five hours to arrive because it is slower.*
Espero que estos zapatos me duren más que los anteriores.	*I hope these shoes last longer than the previous ones.*

LEAVE

salir (de)—to leave (a place)
dejar—to leave (something behind); to allow

Salí de la oficina con tanta prisa que dejé el libro sobre el escritorio.	*I left the office in such a hurry that I left the book on the desk.*
Sus padres no lo dejan jugar antes de terminar la tarea.	*His parents do not allow him to play before finishing his homework.*

LETTER

letra—letter (from the alphabet); handwriting; words to a song
carta—letter

Creo que necesito lentes porque no puedo leer las letras pequeñas.	*I think I need glasses because I cannot read the small letters.*
Si escribieras más despacio, sería más fácil entender tu letra.	*If you wrote more slowly, it would be easier to understand your handwriting.*
Todas las semanas recibo una carta de mis padres.	*Every week I receive a letter from my parents.*

LOOK

mirar—to look at
buscar—to look for
aparecer—to appear, to show up
parecer—to look, to seem to be, to appear
parecer(le)—to seem, to appear; to have an opinion
parecerse (a)—to look like, to resemble

Me encanta mirar fotografías viejas de mi familia.	*I love to look at old family pictures.*
Los García están buscando un apartamento más grande.	*The Garcías are looking for a larger apartment.*
Gonzalo apareció cuando menos lo esperábamos.	*Gonzalo appeared when we least expected it.*
Rosaura parece mucho más joven que su marido.	*Rosaura looks a lot younger than her husband.*
Me parece que estás equivocado.	*It seems to me that you are wrong.*
Leonardo se parece mucho a su abuelo.	*Leonardo looks a lot like his grandfather.*

MEMORY

memoria—memory
recuerdo—remembrance, souvenir

Para el examen tengo que aprender el poema de memoria.	*For the exam I have to learn the poem from memory.*
Tengo buenos recuerdos de mi infancia.	*I have good memories from my childhood.*

MISS

perder—to miss (a bus, TV program, etc.); to lose; to waste (time)
faltar (a)—to be missing, not to go
extrañar/echar de menos—to miss, to feel nostalgic for

Llegué tarde al aeropuerto y perdí el avión.	*I arrived late at the airport, and I missed the plane.*
¡Apaga el televisor y no pierdas más tiempo!	*Turn off the TV and don't waste any more time!*
Esteban faltó a clase hoy porque está enfermo.	*Esteban missed class today because he is ill.*
Los estudiantes echan de menos la comida casera.	*Students miss home cooking.*

MOVE

mover(se)—to move (oneself); to be in motion
mudar(se)—to move (from one house to another)

¡No se mueva y levante las manos!	*Don't move, and put your hands up!*
Mariana compró una casa y se mudó el fin de semana pasado.	*Mariana bought a house, and she moved this past weekend.*

OLD

antiguo/a—old, of long standing, ancient; former (placed before a noun)
viejo/a—old
anciano/a—old (applied to people); elderly

Machu Picchu era la antigua capital de los incas.	*Machu Picchu was the former capital of the Incas.*
En el museo vimos unos muebles muy antiguos.	*In the museum we saw very old furniture.*
Nadie quiere comprar un coche tan viejo.	*Nobody wants to buy such an old car.*
En ciertos autobuses hay asientos reservados para los ancianos.	*On certain buses there are some seats reserved for the elderly.*

ONLY

sólo/solamente—only
único/a—only one; unique
solo/a—alone
solitario/a—lonely, preferring solitude; loner
soltero/a—single, unmarried
sencillo/a—single, not double; simple

Paula ya sabía leer cuando sólo tenía tres años.	*Paula already knew how to read when she was only three years old.*
Esta es una oportunidad única para conocer esa región.	*This is a unique chance to get to know that region.*
Susana vive sola desde que murió su esposo.	*Susana lives alone since her husband died.*
Vive felizmente en las montañas porque es solitario.	*He lives happily in the mountains because he is a loner.*
Raúl es soltero y no tiene novia.	*Raúl is single and does not have a girlfriend.*
Pedí una habitación sencilla, pero me dieron una doble por el mismo precio.	*I asked for a single room, but they gave me a double for the same price.*
¿Por qué no puedes explicármelo si es tan sencillo?	*How come you cannot explain it to me if it is so simple?*

ORDER

el orden—order (alphabetical, chronological); orderliness
la orden—order, command; religious group
el pedido—order (in a restaurant, from a catalog, etc.)

Me gusta el orden tanto como la limpieza.	*I like orderliness as much as cleanliness.*
Los soldados obedecieron la orden del general inmediatamente.	*The soldiers obeyed the general's order at once.*
Si haces el pedido temprano, te lo enviarán todo enseguida.	*If you place the order early, they will send you everything right away.*

PARENTS

parientes—relatives
padres—parents

Mis parientes favoritos son mi tía Aurora y mi tío Felipe.	*My favorite relatives are my aunt Aurora and my uncle Felipe.*
Cuando mi hermano y yo éramos pequeños, mis padres siempre nos llevaban al cine los fines de semana.	*When my brother and I were younger, my parents would always take us to the movies on weekends.*

PLAY

hacer un papel—to play a part or role
jugar (a)—to play (a game)
tocar—to play (an instrument); to touch

Rebeca hace el papel de la costurera en la obra.	*Rebeca plays the role of the seamstress in the play.*
¿Quieres jugar al tenis esta tarde?	*Would you like to play tennis this afternoon?*
Me gustaría aprender a tocar la flauta.	*I would like to learn to play the flute.*

POLICY

(el/la) policía—police officer (man/woman); police force (f.)
norma/política/principio—policy
póliza—insurance policy

La policía siempre está dispuesta a ayudar a los ciudadanos.	*Police are always willing to help the citizens.*
La política de nuestra tienda es que el cliente siempre tiene la razón.	*Our store's policy is that the customer is always right.*
Fernando es muy precavido y compró una póliza de vida para él y para su esposa.	*Fernando is very cautious and bought a life insurance policy for himself and his wife.*

POSITION

posición—physical position; posture; status
trabajo—position, job, work
puesto—post, job; stand

Si continúas en esa posición, te dolerá la espalda después.	*If you stay in that position, your back will hurt later.*
Para algunas personas, la posición social es muy importante.	*To some people, social status is very important.*
No aceptó el trabajo porque el sueldo era más bajo de lo que esperaba.	*He did not accept the job because the salary was lower than he expected.*
Compramos unos melocotones deliciosos en aquel puesto de frutas.	*We bought some delicious peaches at that fruit stand.*

QUIET

quieto/a—still, motionless
tranquilo/a—peaceful
callado/a—quiet, silent

Si no te quedas quieto, no podré amarrarte los zapatos.	*If you don't stand still, I will not be able to fasten your shoes.*
Vivimos en un barrio muy tranquilo.	*We live in a very quiet neighborhood.*
¿Por qué estás tan callado? ¿Estás enfermo?	*Why are you so quiet? Are you il*

RATE

rato—a while
ritmo—rate, rhythm
tasa—rate, scale (of exchange, etc.)
tarifa—rate, fare

Estuvimos hablando un rato, pero después nos pusimos a estudiar.

We were talking for a while, but we started to study later.

Aunque es un negocio reciente, su ritmo de crecimiento es muy rápido.

Although it is a new business, its growth rate is very fast.

La tasa de cambio de dólares a pesetas no nos beneficia.

The exchange rate from dollars to pesetas does not benefit us.

Tienen una tarifa especial para los ancianos.

They have a special fare for the elderly.

REAL

real—royal; real, not imaginary
verdadero/a—real, true

La familia real de Inglaterra pasa las vacaciones en Escocia.

England's royal family spends its holidays in Scotland.

La película está basada en hechos reales.

The movie is based on real facts.

Conoces a los verdaderos amigos cuando estás en apuros.

You get to know your true friends when you are in trouble.

REALIZE

darse cuenta de—to realize, to become aware
realizar—to realize, to fulfill

¡La conversación estaba tan interesante que no me di cuenta de que era tan tarde!

The conversation was so interesting that I did not realize it was so late!

Ojalá que puedas realizar todos tus proyectos.

I hope you can realize all of your projects.

REMAIN

quedar—to remain, to be left; to be located
quedarse—to stay

¿Qué queda por hacer?

What is left to be done?

El hotel queda muy cerca de la estación de trenes.

The hotel is located very close to the railroad station.

Decidimos quedarnos una semana más en París.

We decided to stay one more week in Paris.

RESUME

reanudar—to resume
resumir—to sum up; to abridge

Después de la tormenta, los campesinos pudieron reanudar el trabajo.

After the storm, the peasants were able to resume their work.

¿Puedes resumir el cuento en tus propias palabras?

Can you sum up the story in your own words?

RETURN

volver/regresar—to return, to go back
devolver—to return, to give back something

Me gustaría regresar a Puebla algún día.

I would like to return to Puebla some day.

Voy a devolver estos libros a la biblioteca.

I am going to return these books to the library.

RIGHT

derecho (n.)—right (to do something), law
derecho (adj.)—straight
derecho/a—right
(la) derecha—right-hand side
correcto/a—right, not wrong

¿Crees que tengamos derecho de protestar?

Do you think that we have the right to protest?

Mi primo está estudiando derecho internacional.

My cousin is studying international law.

Ponte derecho y no te muevas.

Stand straight and don't move.

Los españoles llevan el aro de matrimonio en la mano derecha.

Spaniards wear their wedding band on their right hand.

A la derecha pueden ver el Teatro Nacional.

To your right you can see the National Theater.

Cada respuesta correcta tiene un valor de dos puntos.

Each right answer is worth two points.

SAME

igual—same, equal (two or more things)
mismo/a—same (before a noun) (one thing); -self (after a noun/pronoun)

Mi vestido es igual que el tuyo.

My dress is the same as yours.

Tenemos el mismo profesor que tuvimos el año pasado.

We have the same teacher that we had last year.

Raquel misma me contó lo que le había sucedido.

Raquel herself told me what had happened to her.

SANE

sano/a—healthy (physically)
cuerdo/a—sane (mentally)

Iremos a las montañas para disfrutar del clima sano.

We will go to the mountains to enjoy the healthful climate.

El abogado quiere probar que no estaba cuerdo cuando cometió el crimen.

The lawyer wants to prove that he was not sane when he committed the crime.

SAVE

salvar—to save, to rescue
ahorrar—to save (time/money)
conservar—to save (resources)
guardar—to keep

Llegaron a tiempo para salvar a los sobrevivientes.

They arrived in time to rescue the survivors.

Si consigo ahorrar lo suficiente, podré ir a Europa en el verano.

If I manage to save enough, I will be able to go to Europe in the summer.

Necesitamos conservar nuestros recursos naturales.

We need to save our natural resources.

Guardo los documentos importantes en el banco.

I keep the important documents in the bank.

SHORT

breve/corto/a—short, not long (in length)
bajo/a—short, not tall (in height)

Afortunadamente, su discurso fue breve.

Fortunately, his speech was short.

¡Qué pareja más extraña! Ella es alta y él es bajo.

What an odd couple! She is tall and he is short.

SIGN

letrero/cartel—sign, billboard
seña/señal—sign, signal
signo—sign, symbol
firmar—to sign
hacer señas—to signal

Según ese letrero, sólo nos faltan dos kilómetros para llegar.	*According to that sign, we only have two kilometers to go.*
Las personas sordas se comunican por medio de señas.	*Deaf people communicate by means of signs.*
Es necesario obedecer las señales de tránsito para evitar accidentes.	*It is necessary to obey traffic signs in order to avoid accidents.*
No estudio ingeniería, así que no entiendo esos signos.	*I do not study engineering, so I do not understand those signs.*
Por favor, firme usted aquí.	*Please sign here.*
Me hizo señas para que mirara.	*He signaled to me to look at him.*

SINCE

desde—from, since (+ time); from (+ place)
ya que/debido a que—since, because (used at the beginning of a clause to indicate reason or motive)
como—since, because (used at the beginning of a sentence)
porque—because (never used at the beginning of a sentence)

No veo a Julián desde que nos graduamos.	*I have not seen Julián since we graduated.*
Desde la montaña la vista es maravillosa.	*From the mountain the view is wonderful.*
Llegamos tarde debido a que había mucho tránsito.	*We arrived late since there was a lot of traffic.*
Como no llevábamos paraguas, nos mojamos.	*Since we were not carrying an umbrella, we got wet.*
Nos mojamos porque no llevábamos paraguas.	*We got wet because we were not carrying an umbrella.*

SITTING

(estaba) sentado/a—was seated (position)
(estaba) sentándose—was sitting down (action of sitting)

A la señora que está sentada en el banco le gusta tejer.	*The lady who is seated on the bench likes to knit.*
El hombre que está sentándose ahora es el padre de Isabel.	*The man who is sitting down now is Isabel's father.*

SLEEP

dormir—to sleep
dormirse—to fall asleep
tener sueño—to be sleepy
soñar (con)—to dream (about/of)

Anoche no pude dormir bien porque estaba preocupada.	*I could not sleep well last night because I was worried.*
El niño se durmió mientras la madre le cantaba.	*The child fell asleep while his mother was singing to him.*
Tengo muchísimo sueño, pero no puedo acostarme porque tengo que estudiar.	*I am very sleepy but I cannot go to bed because I have to study.*
Anoche soñé con Tomás. ¡Qué pesadilla!	*Last night I dreamed of Tomás. What a nightmare!*

SPEND

pasar—to spend (time)
gastar—to spend (money)

Salimos mañana y pasaremos dos semanas en Buenos Aires.	*We are leaving tomorrow and will spend two weeks in Buenos Aires.*
Si gastas todo el dinero, no voy a prestarte más.	*If you spend all your money, I am not going to lend you any more.*

STOP

dejar (de + inf.)—to stop (doing something)
parar—to stop

El médico me dijo que debía dejar de fumar inmediatamente.	*The doctor told me that I should stop smoking right away.*
El autobús para en aquella esquina.	*The bus stops at that corner.*

STORY

cuento—story
historia—history; tale
cuenta—check, bill, account (financial)

Algunos de estos cuentos son muy interesantes.	*Some of these stories are very interesting.*
A algunos ancianos les gusta contar la historia de su vida.	*Some old people like to tell the story of their lives.*
Cuando Marta y Jaime comen en un restaurante, ella siempre paga la cuenta.	*When Marta and Jaime have dinner at a restaurant, she always pays the bill.*

STRANGE

ajeno/a—strange, alien, belonging to another person
extraño/a—strange, odd
desconocido/a—stranger, unknown (person)
forastero/a—stranger, outsider
extranjero/a—foreigner
el extranjero—abroad

No es correcto alegrarse de las desgracias ajenas.	*It is not right to be happy about other people's misfortunes.*
Es extraño que los Rivera no hayan llegado todavía.	*It is strange that the Riveras have not arrived yet.*
Un desconocido me ayudó a cambiar la llanta desinflada.	*A stranger helped me change the flat tire.*
El forastero no sabía que ese hotel era muy malo.	*The stranger did not know that that hotel was very bad.*
Los extranjeros necesitan presentar una visa especial.	*Foreigners need to show a special visa.*
Mientras viajaba por el extranjero, conocí a muchas personas interesantes.	*While I was travelling abroad, I met many interesting people.*

SUBJECT

asunto/materia—subject, issue, matter
sujeto—subject (in grammar)
súbdito—subject (of a monarch)
asignatura—subject (in a curriculum)

Cuando tengas tiempo, discutiremos ese asunto.	*When you have time, we will discuss that matter.*
Un verbo impersonal no tiene sujeto.	*An impersonal verb has no subject.*
El rey de España se ha ganado el afecto de sus súbditos.	*The king of Spain has earned the affection of his subjects.*
Este semestre tengo cuatro asignaturas diferentes.	*This semester I have four different subjects.*

SUCCEED

suceder—to follow, to succeed (to the throne, etc.)
suceder/pasar/ocurrir—to happen, to occur
tener éxito—to succeed, to be successful
lograr/alcanzar—to succeed, to achieve something

El príncipe Felipe sucederá al rey Juan Carlos en el trono español.	*Prince Felipe will succeed King Juan Carlos to the Spanish throne.*
Estaba tan nerviosa que no pudo contarme lo que le había sucedido.	*She was so nervous that she could not tell me what had happened to her.*
Le costó mucho trabajo, pero tuvo éxito.	*It took him a lot of work, but he succeeded.*
Por fin logré hablar con él por teléfono.	*Finally, I succeeded in getting him on the phone.*

SUPPORT

apoyar—to support, to back up; to lean
soportar—to put up with, to endure, to tolerate
sostener—to support, to hold up
mantener—to keep; to sustain (maintain with money, food, etc.)

Las últimas encuestas apoyan a este candidato.	*The last polls support that candidate.*
No te apoyes en esa pared porque está recién pintada.	*Don't lean against that wall because it has just been painted.*
Voy a ir al médico porque no puedo soportar el dolor.	*I am going to see the doctor because I cannot put up with the pain.*
Es necesario reforzar las columnas que sostienen el techo.	*It is necessary to reinforce the columns that support the roof.*
Necesita trabajar mucho para mantener a su familia.	*She needs to work a lot to sustain her family.*
Me gusta mantener mi escritorio ordenado.	*I like to keep my desk tidy.*

TAKE

tomar—to take (medicine, conveyances); to drink
llevar—to take (along), to carry
quitar—to take away, to take from, to remove
quitarse—to take off (clothing)

Creo que es mejor tomar un taxi.	*I think it is better to take a taxi.*
No me gusta tomar cerveza si no está muy fría.	*I do not like to drink beer if it is not very cold.*
Siempre llevamos a nuestros huéspedes al museo.	*We always take our guests to the museum.*
Este detergente quita las manchas rápidamente.	*This detergent removes stains quickly.*
No te quites el abrigo todavía.	*Don't take off your coat yet.*

THINK

pensar—to think
pensar (+ inf.)—to plan, to intend (to do something)
pensar (en + n.)—to think (about of), to have one's thoughts on
pensar (en + inf.)—to think about, to have in mind
pensar (de)—to have an opinion (of)

Perdónalo porque lo hizo sin pensar.	*Forgive him because he did it without thinking.*
Si todo sale bien, pienso graduarme el año que viene.	*If all goes well, I intend to graduate next year.*
Pienso en mi novia todo el tiempo.	*I think about my girlfriend all the time.*
Por ahora no pienso en casarme.	*At this point I am not thinking about getting married.*
¿Qué piensas de mi proyecto?	*What do you think about my project?*

TIME

tiempo—time (in a general sense); weather
época—time period (historical)
vez—time (repeatable instance)
hora—clock time, hour

Cuando tengas tiempo, llámame y saldremos a almorzar.	*When you have time, call me and we will go out to lunch.*
En febrero el tiempo es muy impredecible aquí.	*In February the weather is very unpredictable here.*
En esa época las mujeres no llevaban pantalones.	*At that time women did not wear pants.*
Le he explicado el problema varias veces, pero no lo entiende todavía.	*I have explained the problem to him several times, but he still does not understand it.*
A esa hora tengo clase de inglés.	*At that time I have an English class.*

TRY

tratar (de + inf.)—to try (to do something)
tratar de—to deal with
tratarse de—to be a matter or question of
probar—to try out; to prove; to taste
probarse—to try on

Traté de empujar la cómoda, pero no pude.	*I tried to push the dresser, but I couldn't.*
Esta novela trata de la vida en España después de la guerra.	*That novel deals with life in Spain after the war.*
Me explicó que sólo se trataba de una investigación rutinaria.	*He explained to me that it was just a matter of a routine investigation.*
El abogado logró probar que el acusado era inocente.	*The lawyer managed to prove that the defendant was innocent.*
Nunca he probado la comida india.	*I have never tried Indian food.*
Nunca compro ropa sin probármela primero.	*I never buy clothes without trying them on first.*

WASTE

gastar/desperdiciar—to waste money, resources (energy, water, etc.)
perder—to waste time

Cuando hay sequía, el gobierno prohíbe gastar agua lavando el carro.	*When there is a drought, the government prohibits the wasting of water in washing cars.*
Perdí el tiempo porque no pude convencerlo.	*I wasted my time because I could not convince him.*

WORK

funcionar/andar—to work, to function, to run (when the subject is a thing)
trabajar—to work (when the subject is a person or animal performing labor)

Necesito otro reloj porque éste ya no funciona.	*I need another watch because this one does not work any more.*
Alfredo es demasiado joven para trabajar tanto.	*Alfredo is too young to work that much.*

Apéndice B

Palabras indígenas de «Tres hombres junto al río»

achiote   small tree with large pink flowers that produce a heart-shaped pod with small orange-red seeds from which a dye is obtained

areyto   traditional Indian song, accompanied by a ritual dance

cacique   Indian chief

casabe   bread made out of grated yuca, in the shape of a cake, cooked or baked

cemí   idol made out of stone, clay, wood, cotton, or gold, representing the good spirit or the protecting god

cohoba   powders used as a narcotic

coquí   small frog whose name mimics its acute and loud sound

dujo   three-legged seat made out of stone or wood, used by Indians for resting in a squatting position

fotuto   a kind of horn made from a conch

guamá   evergreen tree with flowers covered with an edible, soft, and downy pulp

guasábara   skirmish or battle

guayacán   chestnut-brown bark tree

hamaca   hammock

higuaca   parrot

higüero   tree with large and hard fruit

jagua   tree with sour-tasting fruit

Jurakán   the evil god

majagua   flowering textile tree of different varieties

naboria   domestic Indian servant

nagua   short cotton skirt

tabonuco   tall tree with smooth and whitish bark that produces an aromatic resin used for lighting

yuca   edible white root from which the flour to prepare **casabe** is made

yucayeke   Indian town

Yuquiyú   the good god

Apéndice C

Para navegar por la Red

Keyword searches/Web site addresses are suggested for each story. Students can research on their own and prepare oral or written presentations on the country, the author, and/or a topic related to the story.

«El crimen perfecto»
 Argentina
 Enrique Anderson Imbert
«La casa nueva»
 México
 Silvia Molina
 <http://www.digital.library.upenn.edu/women_generate/MEXICO.html>
 <http://www.mexicodesconocido.com.mx/paseosdf/paseosdf.htm>
«Una carta de familia»
 El Salvador
 Oscar Romero
«Los mejor calzados»
 Argentina
 Luisa Valenzuela
 desaparecidos
 <http://www.wamani.apc.org/abuelas/breves.html>
 yerba mate
 <http://members.theglobe.com/yerbamate>
 <http://mateando.web.com>
«Presagios»
 República Dominicana
 José Alcántara Almánzar
 Banco Central de la República Dominicana
 <http://www.bancentral.gov.do>
«El Aventurero»
 Venezuela
 Igor Delgado Senior
 corrida de toros
 <http://www.eltoro.org>
 <http://www.arrakis.es/~minotauro>
«Carta a un psiquiatra»
 Panamá

«El forastero y el candelabro de plata»
    Bolivia
«Espuma y nada más»
    Colombia
    Hernando Téllez
    el bogotazo
    Jorge Eliécer Gaitán
«Caminos»
    España
    Ana María Matute
    <http://w3.el-mundo.es/larevista/num113/textos/entrevista.html>
    <http://www.escritoras.com/indice/escritora.asp?Ella = matute>
    Real Academia Española
«Los pocillos»
    Uruguay
    Mario Benedetti
    <http://www.uruguayos.nu/>
    <http://www.muldia.com/cultura/mario_benedetti.htm>
«Ensayo de comedia»
    España
    Marina Mayoral
    Universidad Complutense
    <http://www.escritoras.com/indice/escritora.asp?Ella = mayoral>
«Cartas a Rosa»
    chicano murals
    Rosaura Sánchez
    latinos en los Estados Unidos
    chicanos
    mexicoamericanos
    <http://www.azteca.net/aztec/>
    <http://www.contactomagazine.com/latinosindex.htm>
«Tres hombres junto al río»
    Puerto Rico
    René Marqués
    <http://www.bakersfield.com/school/hhm/marques.html>
    Diego Salcedo
    taínos
    <http://taino.com/>
    <http://grove.ufl.edu/~uepa/htm/historia.htm>

Apéndice D

Vídeos recomendados

Several videos that can be coordinated with the stories are suggested here along with the country of origin, the year it was filmed, and a brief summary.

1. *«El crimen perfecto»*

Guantanamera (Cuba, 1995). La tía de la protagonista muere inesperadamente y hay que llevar su cadáver a enterrar a la ciudad donde vivía, lo cual ocasiona muchas dificultades.

2. *«La casa nueva»*

Solas (España, 1999). La visita de una madre mientras el esposo abusador está enfermo en el hospital le da la oportunidad de conocer mejor a su hija.

3. *«Una carta de familia»*

Romero (Estados Unidos, 1989). El arzobispo Oscar Romero es asesinado por defender los derechos de los campesinos contra la opresión de las clases altas y del gobierno salvadoreño.

4. *«Los mejor calzados»*

La historia oficial (Argentina, 1985). La madre adoptiva de una niña empieza a sospechar que su hija puede ser la hija de unos «desaparecidos» durante la dictadura militar.

La noche de los lápices (Argentina, 1986). Unos estudiantes que organizan protestas sufren arrestos y torturas porque el gobierno militar los considera miembros de guerrillas.

Hecho en Argentina (Argentina, 1986). Una familia que tuvo que escapar de Buenos Aires cuando comenzó la persecución militar regresa después de muchos años para asistir a una boda.

5. *«Presagios»*

Oriana (Venezuela, 1985). Cuando una mujer regresa a la hacienda que heredó de su tía, donde pasaba temporadas durante su adolescencia, se enfrenta con fantasmas del pasado que la ayudan a conocer mejor a su tía.

6. *«El Aventurero»*

Belmonte (España, 1995). La historia del famoso torero español.

7. *«Carta a un psiquiatra»*

Hombre mirando al sudeste (Argentina, 1986). La vida de un médico en un hospital psiquiátrico cambia después de conocer a uno de los pacientes.

8. «El forastero y el candelabro de plata»

El secreto de Romelia (México, 1989). Historia de una mujer víctima de las convenciones sociales que regresa a su pueblo y logra hacer las paces con su pasado.

9. «Espuma y nada más»

Confesión a Laura (Colombia, 1990). Durante las revueltas ocasionadas por «el bogotazo», un hombre consigue su liberación. En los primeros minutos de la película hay excelentes escenas documentales de las protestas posteriores al asesinato de Jorge Eliécer Gaitán.

Camila (Argentina, 1984). La dictadura de Juan Manuel de Rosas sirve de trasfondo para la historia de amor prohibido entre Camila O'Gorman, una chica de la clase alta, y el sacerdote Ladislao Gutiérrez.

Golpes a mi puerta (Venezuela, 1993). Dos monjas se ven implicadas en las protestas contra un dictador militar porque le dan protección a uno de los jóvenes participantes.

El silencio de Neto (Guatemala, 1994). El golpe de estado militar contra Jacobo Arbenz, que implantó la dictadura, sirve de trasfondo para esta historia de iniciación.

10. «Caminos»

Yerma (España 1999). Adaptación del drama de Federico García Lorca sobre una mujer que vive torturada porque no puede tener hijos.

11. «Los pocillos»

Las cartas del parque (Cuba, 1988). Una chica se enamora de un chico por las románticas cartas que le escribe, pero descubre que él no es el verdadero autor.

12. «Ensayo de comedia»

Mujeres al borde de un ataque de nervios (España, 1988). Una mujer le salva la vida al hombre que la ha abandonado por otra después de tratar de hablar con él inútilmente por teléfono para comunicarle que está embarazada.

13. «Cartas a Rosa»

El Norte (Estados Unidos/México/Guatemala, 1983). Dos hermanos que huyen de la persecución del gobierno militar en Guatemala llegan a los Estados Unidos buscando la realización del «sueño americano».

El Súper (Estados Unidos, 1978). Una familia de exiliados cubanos en Nueva York muestra los efectos de la transculturación.

Nueba Yol (Estados Unidos, 1996). Un inmigrante dominicano llega a Nueva York buscando el «sueño americano» y se encuentra con la pesadilla de la falta de empleo, el robo y las drogas, pero también descubre el amor.

14. «Tres hombres junto al río»

El Dorado (España, 1987). Llegada de los conquistadores españoles al Nuevo Mundo.

The Mission (Inglaterra/Argentina, 1986). Mientras unos sacerdotes se dedican a educar a los indios, españoles y portugueses se disputan el mismo territorio.

La mayor parte de estos vídeos se pueden alquilar en videoclubes o comprar en Facets Multimedia, Inc. (1-800-331-6197; http://www.facets.org). También se pueden conseguir prestados del Instituto Cervantes de Nueva York (1-212-689-4232; http://www.cervantes.org). Foreign Language Video Network (2608 19th Street, Huntsville, TX 77340) es otra compañía que ofrece vídeos relacionados con diversos aspectos de la cultura hispánica.

Vocabulario

This vocabulary includes contextual meanings of most of the words and idiomatic expressions used in *Sorpresas* with the following exceptions.

> proper and geographical names
> days of the week and months of the year
> numbers
> identical cognates (e.g., *invasión*)
> articles
> personal pronouns
> possessive and demonstrative adjectives and pronouns
> adverbs in *-mente* when the corresponding adjective is listed
> past participles when the corresponding infinitive is listed, unless it is irregular or its meaning differs somewhat from the meaning listed for the infinitive (*agitado* = hectic versus *agitar* = to stir up)
> most common prepositions (*a, con, de,* etc.)

Please note:

1. Spanish alphabetization is followed; that is, *ch* comes after *c, ll* after *l,* and *ñ* after *n.*
2. The gender of nouns is not indicated for masculine nouns ending in *-o* or for feminine nouns ending in *-a.*
3. Nouns appear only in the singular form, unless the plural form is the one commonly used *(pantalones).*
4. Adjectives and past participles appear only in the masculine form.
5. In the case of diminutives, augmentatives, and shortened words, the original word has been given in parentheses:
   > *bizcochito (bizcocho)*
   > *manchón (mancha)*
   > *alante (adelante)*
6. For verbs, the following information has been given.
   a. irregular first-person singular form:
      > *agradecer (agradezco)*
   b. stem changes:
      > *acordarse (ue)*
      > *adquirir (ie)*
      > *ascender (ie)*
      > *corregir (i)*
   c. indication of the root verb that determines conjugations:
      > *atraer (like traer)*

7. Prepositional usage is given after verbs.
8. The following abbreviations have been used:

adj.	adjective	*f.*	feminine
adv.	adverb	*inf.*	infinitive
Arg.	Argentina	*m.*	masculine
coll.	colloquial	*Mex.*	Mexico
conj.	conjunction	*n.*	noun
p.	plural	*s.*	singular
Pe.	Peru	*Sp.*	Spain

Whenever there was any doubt that an average intermediate student would understand a particular word, it was included.

abajo   down; downstairs
abalanzarse   to rush
abandonar   to abandon
abanicar   to fan
abierto   open
abogado   lawyer
abrazar   to hug
abrir   to open
absorber   to absorb
absurdo   absurd
aburrimiento   boredom
abusador   abusive
acá   here
acabar   to end, to finish
   acabar bien   to have a happy ending
   acabar de (+ *inf.*)   to have just (done something)
   acabarse   to run out of something
acallar   to quiet
acariciar   to caress
acaso   perhaps
acecho: en acecho   on watch
aceite (*m.*)   oil
acentuar   to emphasize
aceptar   to accept
acercar   to bring near
acercarse (a)   to approach
acero   steel
aclarar   to clarify
acojinado   with cushions
acomodado   well-to-do
acomodadita (acomodada)   very neatly arranged

acompañar   to accompany
aconsejar   to advise
acordarse (de) (ue)   to remember
acorde (*m.*)   chord
acostado   lying down; in bed
acostar (ue)   to put to bed
acostarse (ue)   to go to bed
acostumbrarse   to get used to
acto   act
actriz (*f.*)   actress
actuación (*f.*)   behavior
actualidad: en la actualidad   currently
actuar   to act
acudir   to come
acuerdo: estar de acuerdo con   to agree
acumular   to accumulate, to store up
achicarse   to get smaller
adaptación (*f.*)   adaptation
adelante   ahead, forward
además   besides
adiós (*m.*)   goodbye
adivinar   to guess
admirablemente   admirably
admiración (*f.*)   admiration
adónde   where
adoptar   to adopt
adorar   to adore
adquirir (ie)   to acquire, to get
adulón   fawning
advertir (ie)   to notice; to warn
afán (*m.*)   effort, toil
afeitar   to shave

aferrarse   to cling
afilado: dedos afilados   slender fingers
aflojar(se)   to loosen
afortunadamente   fortunately
afueras (f. p.)   outskirts
agarrar   to catch
agazaparse   to crouch
agente (m./f.)   agent
agitanado   gypsylike
agitar   to shake; to stir up
agónico   moribund, dying
agradable   pleasant
agradar   to please
agradecer (agradezco)   to thank, to be grateful
agraz: en agraz   prematurely
agresivo   aggressive
agridulce   bittersweet
agrietado   cracked
agua (f. but el agua)   water
aguantar   to withstand, to tolerate; to hold back
aguardar   to await
aguja   needle
ahí   there
   de ahí en adelante   from there (then) on
ahogar   to drown
   ahogarse   to drown oneself; to extinguish
ahora   now
ahorrar   to save (money/time)
ahorros (m. p.)   savings
ahuecado   hollowed
ahuecar   to hollow
ahuyentar   to scare away
aire (m.)   air
aislado   isolated
ajeno   alien, foreign
ajustar   to adjust
ala (f. but el ala)   wing
alarido   yell
alba (f. but el alba)   dawn
alboroto   commotion
alcalde   mayor
alcance (m.)   reach
   al alcance   within reach
alcanzar   to reach; to pass; to manage
aldea   village
alegata   argument (Mex. slang)
alegre   happy

alegría   happiness
alerta   alert
alfombra   carpet
algo   something, somewhat
algodón (m.)   cotton
alguien   somebody
algún   some
aliento   breath
alisarse   to smooth
aliviar   to relieve, to comfort
alivio   relief
   alma (f. but el alma)   soul
alma en pena   poor soul
almanaque (m.)   calendar
almorzar (ue)   to have lunch
alongarse   to elongate
alquilar   to rent
alrededor   around
altanero   proud
altivo   arrogant
alto   high
   lo alto   top
altura   height
   a la altura de   on the same latitude, level as
alucinación (f.)   hallucination
alumno   pupil
alzar   to lift up
allá   there
allí   there
amar   to love
amargura   bitterness
amarillo   yellow
amarillento   yellowish
ambiente (m.)   atmosphere
ambos   both
ambulancia   ambulance
amedrentado   scared
amenaza   threat
amenazador   threatening
amenazar   to threaten
ametrallar   to machine-gun
amigo   friend
amistad (f.)   friendship
amor (m.)   love
amparar   to protect
amparo   protection; shelter
amplitud (f.)   spaciousness

anaranjado   orange (color)
andar   to walk
ángulo   angle
angustia   anguish
animar   to encourage
   animarse   to pluck up courage
ánimo   courage
anoche   last night
ansiedad (f.)   anxiety
ansioso   anxious
ante   before, in the presence of
anterior   previous
antes   before
anticipación: con anticipación   in advance
antiguo   former; old, ancient
anudado   tied up
anudar   to knot
anunciar   to announce
año   year
   por largos años   for many years
apaciguar   to calm down
apagar   to turn off, to extinguish
aparecer (aparezco)   to appear, to show up
aparente   apparent, visible
aparición (f.)   appearance
apariencia   appearance
apartamento   apartment
apartamiento   apartment
apartar   to push aside
   apartar la vista   to look away
aparte: hacer un aparte   to call aside
apegado   close
apenas   hardly; only just
ápice (m.)   bit
aplastar   to flatten
aplauso   applause
aplazar   to postpone
aplicarse   to dedicate oneself
aporrear   to bang on
apostolado   apostolate
apoyar   to support; to lean
apoyo   support
apreciar   to hold in esteem
aprecio   esteem
aprender   to learn
apresurarse   to hurry
apretado   tight

apretar (ie)   to grip; to tighten; to squeeze
   apretarse (ie)   to tighten; to huddle
aprovechar   to take advantage of
apuro   trouble
aquí   here
aquietar   to calm
arado   plow
árbol (m.)   tree
arco   arch
arder   to burn
ardor (m.)   heat
arena   sand
arma (f. but el arma)   weapon
armar: armar un escándalo   to make a racket, to
   cause a real scene
arpillera   sackcloth
arquitecto   architect
arrancar   to take out
arrastrar   to drag, to haul
arrebatarse   to go crazy
arreglar   to set up
arreglo   arrangement
arrepentirse (ie)   to feel sorry, to regret
arrestar   to place under arrest
arresto   arrest
arriba   up; upstairs
arrollar   to sweep away
arroyo   stream
arroz (m.)   rice
arruga   wrinkle
arrugado   wrinkled
arrullar   to lull to sleep
artístico   artistic
arzobispo   archbishop
asaltar   to assault
asalto   assault
ascensor (m.)   elevator
asegurarse de   to make sure
asentar (ie)   to sharpen
asesinar   to murder
asesinato   murder
asesino   assassin
así   so; like this
   Así es.   That's right.
asimilación (f.)   assimilation
asimismo   also, too
asistir   to help; to attend

asomar   to stick out; to appear
aspecto   appearance
aspirar   to inhale
asunto   issue, topic
asustado   frightened
atención (f.)   attention
atento   courteous
ateo   atheist
aterrar   to terrify
atónito   astonished
atractivo   attractive
atrás   behind
atreverse (a)   to dare
atropellado   hasty
aturdido   stunned
aturdimiento   bewilderment
aumentar   to increase
aun   even
aún   still
aunque   although
autodefensa   self-defense
autoridad (f.)   authority
avanzar   to move forward; to advance
aventar   to give (Mex. slang)
aventurar   to hazard
avergonzado   embarrassed
averiguar   to find out; to inquire; to argue (Mex. slang)
avión (m.)   airplane
ayer   yesterday
ayuda   help
ayudar   to help
azada   hoe
azotea   flat roof
azúcar (m./f.)   sugar
azul   blue

badana   sheepskin
bailar   to dance
  bailarse a alguien   to take care of someone (to finish someone off)
bajar   to go down; to lower
bajar(se) de   to get off
bajo   under
  hablar bajo   to speak in a low voice
bala   bullet
baldío   wasteland

balear   to shoot
banco   bank
banqueta   sidewalk (Mex.)
bañar   to bathe
  bañarse   to take a bath
baño   bathroom
barba   beard
barbero   barber
barbilla   chin
barrio   neighborhood
bastante   enough
bastar   to suffice
basura   garbage
bata   robe
batir   to whip
beatitud (f.)   beatitude, bliss
bebé (f./m.)   baby
beber   to drink
beca   scholarship
bendición (f.)   blessing
beneficiarse   to benefit
besar   to kiss
beso   kiss
bien   well; very
  bien conservado   fit, in good shape
  obra de bien   good deed
bigote (m.)   mustache
bilingüe   bilingual
bilingüismo   bilingualism
billete (m.)   bank notes
biológico   biological
bizco   cross-eyed
bizcochito (bizcocho)   cup cake
blanco   white
blasfemar   to curse
blasfemia   blasphemy
blusa   blouse
boca   mouth
bocanada   puff
boda   wedding
boleto   ticket
bolígrafo   ballpoint pen
bolsa   bag
bolsillo   pocket
bonito   pretty
borracho   drunk
bordear   to border on

bordo: a bordo de   on board
bosque (*m.*)   forest
bosquecito (bosque)   woods
botón (*m.*)   button
bóveda   bank vault
bracito (brazo)   little arm
bravo   courageous
brazo   arm
brecha: seguir (i) en la brecha   to remain always
    at it
breve   brief, short, small
brillante   bright, shiny
brillar   to shine
brillo   sparkle, shine
brisa   breeze
brocha   brush
brotar   to spring, bud, gush out
bruces: de bruces   face down
brusco   brusque
bueno   good, well
    ser bueno para   to be good at
burbuja   bubble
burlarse de   to mock, to make fun of
busca   search
    en busca de   in search of
buscar   to look for
búsqueda   search

caballería   mount
caballero   sir
caballerosidad (*f.*)   chivalry
caballo   horse
cabello   hair
cabeza   head
cabo: al fin y al cabo   after all
cacha   handle of a knife
cada   each
cadáver (*m.*)   dead body
caer(se) (caigo)   to fall down
    caer la tarde   to get dark
    caerle bien   to look good on, to like
café (*m.*)   coffee
cafetera   coffeepot
caído   fallen
cajón (*m.*)   drawer
    de cajón   habitual
calabozo   jail

calamidad (*f.*)   calamity, disaster
calcular   to calculate
calentar (ie)   to heat
calidad (*f.*)   quality
cálido   warm
calma: con calma   calmly
calor (m.)   heat
calzado (adj.)   with shoes on, wearing shoes
calzar   to put on shoes
callado   quiet, silent
callarse   to be quiet; to shut up
calle (*f.*)   street
calloso   callous
cama   bed
camita (cama)   small bed
camota (cama)   large bed
cambiar   to change
    cambiar de opinión   to change one's mind
cambio   change
    en cambio   on the other hand
camellón (*m.*)   big flowerpot
caminante (*m.*)   traveler
caminar   to walk
camino   way, path, road
camión (*m.*)   truck; bus (*Mex.*)
    camión de mudanzas   moving van
camionero   truck driver
camisa   shirt
camisita (camisa)   little shirt
campana   bell
campesino   peasant
campo   country
candelabro   candelabrum, candlestick
candidato   candidate
canje (*m.*)   exchange
cansado   tired
cansancio   tiredness
cansarse   to get tired
cantado: está todo cantado   there's nothing more
    to say
cantar   to sing
cantarín (m.)   singer
cantero   large flowerpot
cantina   canteen
canto   pebble
caos (*m.*)   chaos
capa   layer

capacidad (*f.*)   ability
capaz   able
capilla   chapel
capitán   captain
capricho   whim
capturar   to capture
cara   face
  de cara a   facing
característico   characteristic
carcajada   burst of laughter
cargado   loaded up, carrying
cargar   to load
cariado   decayed
caricia   caress
caridad (*f.*)   charity
cariño   affection
cariñoso   loving, affectionate
carne (*f.*)   meat; flesh
caro   expensive
carrera   race
carrete (*m.*)   film roll
carretera   highway
carretero   cart driver
carro   cart
carta   letter
cartel (*m.*)   poster, sign, billboard
casa   house; home
casarse   to get married
cascado   harsh
casco   hoof
casi   almost
caso   case
  no hacer caso   to pay no attention
  venir al caso   to be relevant
castigar   to punish
castigo   punishment
catarro   cold
catástrofe (*f.*)   catastrophe
caucho   rubber
causa   cause
  a causa de   because of
causante (*m./f.*)   one who caused something
cavar   to dig
cavilar   to ponder, to worry about
cazar   to catch
ceder   to slacken
ceguera   blindness

celebrar   to hold
célebre   famous
célula   underground cell
cementerio   cemetery
cenicero   ashtray
ceniza   ash
censura   censorship
centena   hundred
centeno   rye
cerca (de)   close to, near
  cercano   close by, nearby
cerrar (ie)   to close
certero   accurate
certidumbre (*f.*)   certitude
cesar   to stop
chamaco   child (*Mex.*)
chamba   work (*Mex. slang*)
chasquido   crack
chaval (*m.*)   kid
chica (*n.*)   young woman
chico (*n.*)   young man
chiche   easily
chorro   jet
chota   police force (*Mex. slang*)
cíclico   cyclic
ciego   blind
  quedarse ciego   to become blind
cielo   sky; heaven
ciencia   science
cientos   hundreds
ciernes: en ciernes   in the making
cierto   certain, true
cigarrillo   cigarette
  liar un cigarrillo   to roll a cigarette
cine (*m.*)   cinema
cinturón (*m.*)   belt
ciprés (*m.*)   cypress
circular   to walk about
circunstancia   circumstance
ciudad (*f.*)   city
ciudadano   citizen
clandestino   underground, secret
claro   clear (*adj.*) clearly (*adv.*); opening,
    clearing (*n.*)
  claro está   of course
clase (*f.*)   sort
clavar   to pierce

clavel (*m.*)   carnation
clavo   nail
cliente (*f./m.*)   customer
cobardía   cowardice
cobrar   to charge (money)
cocina   kitchen
cocinar   to cook
coche (*m.*)   car
cochecito (coche)   toy car
coger   to get; to take
colega (*m./f.*)   colleague
colgar (ue)   to hang
colmo: para colmo   to top it all
colocar   to put, to place
colonia   neighborhood (*Mex.*)
collar (*m.*)   necklace
combinar   to combine, to match
comedia   comedy
comedor (*m.*)   dining room
comentario   comment, remark
comenzar (ie)   to begin
comer   to eat
cometer   to commit
cómico (*n.*)   comedian
comida   food
comienzo   beginning
comisario   police inspector
como   approximately (+ time); as; since, because
cómo   how
compacto   thick
compañero   partner, companion
comparación (*f.*)   comparison
compartir   to share
compás: al compás   in time to
compasión (*f.*)   pity
compensar   to make up
complacer (complazco)   to please, to
      accommodate
completito (completo)   complete
complicado   complicated
cómplice (*m./f.*)   accomplice
composición (*f.*)   composition
compra   buy
comprador (*m.*)   buyer
comprar   to buy
comprender   to understand
comprendido   understood

comprensión (*f.*)   understanding
comprobar (ue)   to confirm, to check
compuerta   floodgate
común   common
comunidad   community
con: dar con   to find
concentrarse   to concentrate
conciencia: de conciencia   conscientious
concierto   concert
concluir   to finish
condenar   to condemn
condición (*f.*)   condition
conducir (conduzco)   to lead; to drive
confesar (ie)   to confess
confesión (*f.*)   confession
confianza   trust, self-assurance
conformarse   to be content or satisfied
confrontar   to confront
confundido   confused
confundir   to mix up
   confundirse   to get mixed up
congelador (*m.*)   freezer
conglomerado (*n.*)   conglomerate
congoja   grief
conjurar   to exorcize
conmigo   with me
conminar   to order
conocer (conozco)   to know
conocido (*n.*)   acquaintance
consagrar   to dedicate
conseguir (i)   to get
consejero   adviser
consejo   advice
conserje (*m.*)   building superintendent
consentir (ie)   to allow
conservado: bien conservado   fit, in good shape
conservar   to keep
considerar   to consider
consigo   with himself/herself/themselves/
      yourself/yourselves
consolar (ue)   to comfort
constante   constant
consuelo   comfort, relief
contado   few
   en contadas ocasiones   seldom
contar (ue)   to tell
   contar con   to count on

contemplar   to look at

contención: muro de contención   retaining wall

contener (like tener)   to contain; to hold

contento   happy

contestar   to answer

   contestar para atrás   to answer back

contexto   context

continuación: a continuación   next, below

continuado   continuous

continuar   to continue, to go on

contra   against

   en contra de   against

contracción (f.)   contraction

contrario   opposite

contribuir   to help, to contribute

convencimiento   certainty

convención (f.)   convention

convento   convent

converger (converjo)   to converge, to unite

conversar   to converse

convertirse (en) (ie)   to become

convulso   convulsed

copa   a drink, goblet

corazón (m.)   heart

corbata   tie

   deshacer el nudo de la corbata   to untie

coronel   colonel

corregir (i) (corrijo)   to rectify

correr   to run

corresponder   to befit

cortar   to cut, to cut off

   cortarse   to cut oneself

cortina   curtain

corto   short

cosa   thing

   ser cosa de   to be a matter of

cosecha   harvest

costado   side

costar (ue)   to find difficult

costumbre (f.)   habit

cotidiano   daily

crecer (crezco)   to grow, to grow up

creer   to believe

crepuscular   twilight

crepúsculo   twilight, dusk

crespo   hair curl (n.); curly (adj.)

crimen (m.)   crime

crisantemo   chrysanthemum (flower)

cristal (m.)   glass

crueldad (f.)   cruelty

cruzar   to cross

cual   like, as

cuál   which

cualquier(a)   any

cuando   when

cuanto   whatever

   en cuanto   as soon as

   en cuanto a   with regard to

cuánto   how much

cuarto   room

cuartito (cuarto)   small room

cubierto   covered

cubrir   to cover

cuclillas: en cuclillas   squatting

cuello   neck

cuenta: darse cuenta de   to be aware of, to
     realize

   pedir cuentas   to call someone to account

   tener en cuenta   to bear in mind

cuentas (f.p.)   arithmetic

cuero   hide

cuerpo   body

cuerpecito (cuerpo)   little body

cuestas: a cuestas   on one's back

cuidado   care

   tener cuidado   to be careful

cuidadosamente   carefully

cuidar   to take care

cuidarse   to take care of oneself

culpa   fault, blame

culpable   guilty

culpar   to blame

cultura   culture

cumpleaños (m.)   birthday

cumplir (se)   to fulfill; to come true

cumplir. . . años   to turn . . . years old

cuneta   ditch

cuñado   brother-in-law

curar   to cure

curiosidad (f.)   curiosity

curioso   curious

cursar: cursar estudios   to study

curtido   tanned

cuyo   whose

danzar   to dance
dar   to give
   dar con   to find
   dar de comer   to feed
   dar gloria de ver   to be delightful to see
   dar gritos   to shout
   dar palos   to beat up
   dar parte   to give notice
   dar paso a   to open the way to
   darle ganas de (+ *inf.*)   to make someone feel
     like (doing something)
   darle la vuelta   to go around
   darle por   to get in the habit of
   darse cuenta de   to realize, to become
     aware of
   darse golpes   to hit
debajo (de)   under
deber   must, should, ought
deberse   to be due
debido   due, proper
débil   weak
debilidad (*f.*)   weakness
decaimiento   weakening
decente   decent
decidido   determined
decidir   to decide
decir (i)   to say, to tell
   es decir   that is, in other words
decisión: tomar una decisión   to make a decision
declaración (*f.*)   statement
declarar   to declare
dedo   finger
   dedos afilados   slender fingers
   dedo gordo   thumb
   yema del dedo   fingertip
defecto   defect
defender (ie)   to defend
defensa: en defensa propia   in self defense
definitiva: en definitiva   in short
degollado   beheaded
degollar (üe)   to cut someone's throat
dejar   to allow; to leave (behind)
   dejar con los crespos hechos   to jilt (someone)
   dejar de (+ *inf.*)   to stop (doing something)
   dejar tendido   to be left lying
delantal (*m.*)   apron
delante   in front

deleite (*m.*)   delight
delgado   slim
delicado   delicate
delicia   delight
delincuente   criminal
demás   other
   lo demás   the rest
demasiado   too much
democracia   democracy
demodé   outdated
demonio   devil
demostrar (ue)   to show
dentro   inside
depender (de)   to depend (on)
deporte (m.)   sport
derecho   right
   a su derecha   to his/her/your/their right-hand
     side
derramar   to spill
desabrochado   unfastened
desagradable   unpleasant
desalentado   discouraged
desaparecer (desaparezco)   to disappear
desarrollo   development
desasosiego   uneasiness
desayunar   to have breakfast
desbordado   overflowed
descalzo   barefoot
descampado (*n.*)   open field
descender (ie)   to go down
descenso   descent
desconcertante   upsetting
desconocido   unknown
describir   to describe
descuartizado   cut up
descubierto: al descubierto   openly
descubrir   to discover
desde   since (+ time); from (+ place)
desde luego   of course
desear   to wish
desenlace (*m.*)   ending
deseo   desire
desesperación (*f.*)   desperation, despair
desesperarse   to despair
desfiladero   narrow pass
desfilar   to parade
desgarrado   ripped

desgracia   misfortune

desgraciado   unfortunate; unpleasant; bastard (*vulg.*)

deshacer   (like hacer) to untie

deshielo   thawing

desierto   deserted; empty

desinteresado   uninterested

deslizarse   to slide

desmesuradamente   extremely

desnudo   naked

despacio   slowly

despacito (despacio)   slowly

despertador (*m.*)   alarm clock

despertar(se) (ie)   to wake up; to arise

desplomarse   to collapse

despojo   remains

despreciar   to despise, to look down on

después   after; next

destacado   outstanding

destacar   to highlight, to emphasize; to stand out

destello   flash

destinado   destined

destino   fate; destination

destornillador (*m.*)   screwdriver

destripar   to kill, to disembowel

destrozo   damage

destruir   to destroy

desvelarse   to stay awake, to not be able to sleep

desventajoso   disadvantageous

desviar   to deviate

desviar la vista   to look away

detenerse   (like tener) to stop

detenido   standing

deteriorar   to spoil; to wear out

determinación (*f.*)   decision

determinado   determined

detrás (de)   behind

devorar   to devour

día (*m.*)   day

diablos: ¡Qué diablos!   Damn it!

diario   daily

dibujante (*f./m.*)   person who draws

dibujar   to draw

dibujo   drawing

dichoso   fortunate, lucky; (ironic) Darn!

dictadura   dictatorship

dictamen (*m.*)   opinion, judgment

diente (*m.*)   tooth

diferencia   difference

diferente   different

difícil   difficult

dilacerante   painful

diminuto   tiny

dinero   money

dios (*m.*)   god

   por Dios   for God's sake

dirección (*f.*)   direction; way; address

directamente   directly

dirigir (dirijo)   to turn to; to manage; to aim; to address

dirigirse a   to go

discernir (ie)   to distinguish

discordante   discordant

discreción (*f.*)   discretion

discreto   discreet

discriminación (*f.*)   discrimination

disculpar   to excuse

discusión (*f.*)   argument

discutir   to argue

disfrutar (de)   to enjoy

disimular   to dissimulate

disparado: salir disparado   to go off like a shot

disparar   to shoot

disparo   shot

dispensar   to forgive

dispuesto   ready; willing

disputarse   to compete, to fight over

distancia   distance

distante   distant, far

distinto   different

distraerse   (like traer) to let one's mind wander

distraído   absentminded

distribución (*f.*)   distribution

diversión (*f.*)   amusement

diverso   different

divertido   funny, amusing

divertirse (ie)   to enjoy oneself

dividir   to divide

divino   divine

dócil   docile

doctorado   doctorate, Ph.D.

documental (*m.*)   documentary

dolencia   ailment
doler (ue)   to hurt
dolor (*m.*)   pain
doloroso   painful
dominante   dominant
donde   where; at the place of
dorado   golden
dormir (ue)   to sleep
  dormirse   to fall asleep
dormitar   to doze
dormitorio   bedroom
dorso   back
ducha   shower
  ducharse   to take a shower
dúctil   pliable
duda   doubt
  no cabe duda de   there is no doubt
dueño   owner
durante   during
durar   to last
durazno   peach
duro   hard

e   and (before i/hi)
echar   to throw
  echar a la suerte   to draw lots
  echar a perder   to spoil
  echar a un lado   to cast aside
  echar cerrojo   to lock
  echarse   to lie down
  echarse a (+ *inf.*)   to start to (do something)
  echarse a alguien   to kill someone (*Mex.
    slang*)
  echarse en   to fall on
  echarse para atrás   to lean back
edificio   building
educación (*f.*)   education
educar   to teach
eficiente   efficient
ejecución (*f.*)   carrying out
ejercicio   practice
ejército   army
eléctrico   electric
elocuencia   eloquence
embarazada   pregnant
embargo: sin embargo   however
embriagante   intoxicating

embriagarse   to get drunk
embromarse   to get annoyed
emoción (*f.*)   emotion
empapado   soaked
empeñarse en   to insist on
empero   nevertheless
empezar (ie)   to begin
emplear   to hire
empleo   use
emprender   to undertake, to set out on
empujar   to push
enamorarse (de)   to fall in love (with)
encantador   charming
encañonar   to point a gun at someone
encaramado   climbed upon
encargarse de   to take care of
encendedor (*m.*)   lighter
encender (ie)   to light
encendido   on fire
encerrado   locked in
encerrar (ie)   to shut in, to lock up
encima   above, on top of
encogerse   (like coger) to shrug
encontrar (ue)   to find
encontrarse con   to run into
encuentro   rendezvous
endrina   sloe
enemigo   enemy
enfermedad (*f.*)   sickness
enfermo   sick
enfilado: tener enfilado   to dislike someone
enfrentarse con   to face
enfrente   in front, opposite
engaño   deception
enjabonar   to soap
enlazado   tied
enlazar   to tie
enmudecer (enmudezco)   to become silent
enorme   enormous, huge
enredar   to tangle up
  enredarse   to have an affair
enredo: ser de mucho enredo   to have a
    complicated plot
enrollar   to twitch
ensanchar(se)   to widen
ensayar   to try
ensayo   essay; rehearsal

enseguida   (or **en seguida**) right away
enseñar   to teach; to show
entender (ie)   to understand
enterado   in the know
enterarse de   to find out about, to become
   informed
entero   whole, entire
enterrar (ie)   to bury
entonces   then
entrada   entrance
entrar   to enter, to come in
   entrar de   to enter as
entre   between, among
entreabierto   half-open
entregarse   to give oneself up
entrever   (like ver) to make out
envejecer (envejezco)   to age
envejecido   aged
envidiar   to envy
envolver   (like volver) to wrap up
época   era, time period
equilibrio   balance
equivocado   mistaken, wrong
equivocarse   to be mistaken
erguido   up, risen
erizado   pointed
errátil   variable
error (*m.*)   mistake
esbozar: esbozar una sonrisa   to give a faint
   smile
escalera   stairway
   escalera de caracol   spiral staircase
escalofrío   shiver
escándalo   loud noise
   armar un escándalo   to make a racket, to
      cause a real scene
escapar   to escape
escarlata   scarlet
escarmentar (ie)   to learn a lesson
escena   scene
esclavizar   to enslave
esconder   to hide
escribir   to write
escrito   written
escritor   writer
escritorio   office; desk
escrúpulo   scruple

escuchar   to listen to
escuela   school; schoolhouse
escurrir   to drain, to slip
esfuerzo   effort
esmero   care
esmirriado   thin
espalda   back
espanto: de espanto   frightening
espantoso   frightening
esparcir (esparzo)   to spread
especial: en especial   especially
especialista (*f./m.*)   specialist
especie (f.): una especie de   a sort of
espectáculo   sight
espejo   mirror
espera   wait
esperanza   hope
esperar   to wait; to wait for
espesura   thickness
espionaje (*m.*)   espionage
espléndido   splendid
espontáneo   spontaneous
esposa   wife
esposo   husband
espuelazo   sting
espuma   lather, foam
esquina   corner
establecer (establezco)   to establish
establo   stall
estadounidense   belonging to the United States
estallar   to burst
estampido   bang
estar (estoy)   to be
estético   aesthetic
estilo   style
   por el estilo   of the sort
estimado   dear
estómago   stomach
estrecho   narrow
estrella   star
estrellar(se)   to smash
estremecer(se) (estremezco)   to shake, to
   shudder
estudiante (*m./f.*)   student
estudiar   to study
estudio   studio; study
estúpido   stupid

estupor (*m.*)   amazement
eternamente   eternally
eternidad (*f.*)   eternity
evitar   to avoid
exactamente   exactly
excepto   except
excitado   excited
exclamación (*f.*)   exclamation
exigencia   demand
exigir (exijo)   to demand
exiliado   exile
existencia   existence
existir   to exist
éxito   success
expectante   expectating
expectativa   expectation
experimentar   to experience
explicar   to explain
extasiarse   to go into raptures
extender (ie)   to spread out
exteriorización (*f.*)   showing, manifestation
extinguir (extingo)   to extinguish, to wipe out
extraer   (like **traer**) to take out
extranjero   foreigner
extrañar   to miss
extraño   strange, odd
extremo (*n.*)   end

fábrica   factory
fábula   fable
faceta   facet
fácil   easy
faena   task
fajo   wad, roll
falsamente   falsely
falta   lack
   hacer falta   to need
faltar   to be lacking; to be absent, to be missing
fallar   to fail
fallo   defect
familia   family
familiar (*m.*)   relative
famoso   famous
fanático   fanatic
fantasma (*m.*)   ghost
fatiga   fatigue
fatigado   tired; out of breath

favorito   favorite
fe (*f.*)   faith
felicidad (*f.*)   happiness
feliz   happy
fenomenal   wonderful
fenómeno   phenomenon
feo   ugly
feroz   ferocious
fiebre (*f.*)   fever
fiesta   party
figura   figure
fijado   fixed
fijarse   to imagine
   fijarse en   to notice
fijo   fixed
fila   row
filo   edge
filudo   sharp
fin (*m.*)   end
   al fin   finally
   al fin y al cabo   after all
   fin de semana   weekend
   por fin   finally
finado   deceased
final   end (*n.m.*); last (*adj.*)
finalmente   finally
fincar: fincar el orgullo   to take pride
fino   fine, delicate, slender
físico   physical
flaco   thin
flagelar   to whip, lash
flanco   flank
flor (f.)   flower
flotante   floating
flotar   to float
fluir (fluyo)   to flow
fogonazo   flash
folio   sheet of paper
fondo   bottom; background
footing (*m.*)   jogging
forastero   outsider, stranger
forjar   to forge, to make
forma   way, fashion; shape
formar   to make, to constitute
fortaleza   fortress
fortuna   fortune
forzado   forced

fósforo   match
foto (fotografía) (f.)   picture
fracasar   to be unsuccessful, to fail
frase (f.)   phrase
fray (m.)   friar
frecuente   frequent
frente a   opposite to, facing
fresco   fresh
fresno   ash tree
frío   cold (adj.); cold weather (n.)
fruición (f.)   enjoyment
frustración (f.)   frustration
fruto   fruit, produce, result
fuego   fire
fuelle (m.)   bellows
fuente (f.)   fountain
fuera: fuera de   outside of
  los de fuera   outsiders
fuerte   strong
fuerza   strength
fuga: poner en fuga   to put to flight
fumar   to smoke
función (f.)   performance
funcionar   to work, function
funda   sheath
furia   wrath
furibundo   furious
furioso   furious
furtivo   furtive
fusilamiento   execution

galán (m.)   leading man; lover, beau
gallo   rooster
gamellón (m.)   feeding trough
gana   desire
  de buena gana   willingly
ganado (n.)   cattle
ganar   to earn; to win; to save (+ time)
garantía   assurance
garantizar   to vouch for
garganta   throat
gastar   to spend
gasto   expense
gemelo   twin
generosidad (f.)   generosity
gente (f.)   people
  buena gente   nice person

gerente (m./f.)   manager
gesto   gesture
gira   tour
girar   to spin, to revolve; to turn
girasol (m.)   sunflower
gitano   gypsy
gloria: con más gloria   more successfully
  dar gloria de ver   to be a delight to see
gobierno   government
golpe (m.)   blow; stroke
  golpe de estado   coup d'etat
golpear   to beat
gordo   important
gota   drop
gozar (de)   to enjoy
gracia   charm
gracias   thanks
grande   big, large
grasa   grease
gratitud (f.)   gratitude
griego   Greek
gripe (f.)   flu
gris   gray
gritar   to shout, to yell
grito   shout, scream
grumo   cluster
grupo   group
guapo   good-looking
guardar   to keep; to save (money)
guardarropa (m.)   dresser
guerra   war
guijarro   pebble
guión (m.)   script
guitarra   guitar
güevos (huevos): tener güevos   to be a real man,
  to have balls (vulg.)
gusanear: gusanear a los libros   to be a
  bookworm, to study hard
gustar(-le algo a alguien)   to be pleasing to
  someone
gusto   liking
  a gusto   willingly
  del gusto   out of joy

haber   to have (auxiliary verb); to exist
habilidad (f.)   skill
habitación (f.)   room

habitar   to live in
hábito   habit
habla (*m.*)   speech
hablar   to speak, to talk
hacer (hago)   to make, to do
   hace (tiempo) que   to have been going on for
     a certain time
   hacer caso   to pay attention
   hacer falta   to be needed
   hacer la suya   to do as one pleases
   hacer las paces   to come to grips
   hacer viajes   to take trips
   hacerse   to become
   hacérsele   to seem
hacia   towards; to
hálito   breath
hallar   to find
hamaca   hammock
harapo   rag
hasta   even; until; up to
hay que (+ *inf.*)   it is necessary, one must
hebilla   buckle
hecho   fact (n.m.); made (*adj.*)
hedor (*m.*)   stench
helado   chilled
helar (ie)   to freeze
helecho   fern
heredar   to inherit
herir (ie)   to wound, to injure, to hurt; to offend
hermana   sister
hermano   brother
hermoso   beautiful
hervir (ie)   to boil
hielo   ice
hígado   liver
hija   daughter
hijo   son
hijos   children
hinchar   to swell, to distend
hipnotizado   hypnotized
histérico   hysterical
historia   story
hoja   sheet; blade
hombre   man
hombro   shoulder
hondo   deep
honradamente   honestly, honorably

hora   hour, clock time
hormiga   ant
hornear   to bake
horrorizar   to horrify
hoy   today
huelga   strike
huérfano   orphan
huerto   orchard
hueso   bone
huir (huyo)   to flee
humano   human
húmedo   wet, humid
humildad (*f.*)   humility
humo   smoke
hundir   to sink
huraño   unsociable

idiotez (*f.*)   foolishness
iglesia   church
igual   same
ilusión (*f.*)   illusion
imagen (*f.*)   image; statue
imaginación (*f.*)   imagination
imaginar(se)   to imagine
imaginario   imaginary
imborrable   indelible
impaciencia   impatience
impedir   (like pedir) to prevent
implantar   to establish
implicado   involved
imponer   (like poner) to impose
importado   imported
importancia   importance
importante   important
importar   to matter
importe (*m.*)   price
impregnar   to impregnate
impresión (*f.*)   impression
impresiones: cambiar impresiones   to exchange
   views
impresionar   to impress
imprevisto   unexpected
imprimir   to print
impulso   impulse; thrust
inaugurar   to inaugurate
incidencia   incident
inclinar   to incline, to slant

inclinarse   to lean
incluir (incluyo)   to include
incluso   even
incómodo   uncomfortable
incontenible   unrestrainable
incorporarse   to stand up, to sit up
increíble   unbelievable
incubarse   to incubate
indeciso   undecided
independencia   independence
indócil   indocile
indocumentado   illegal
índole (f.)   nature
industria   industry
inesperadamente   unexpectedly
inexpresividad (f.)   inexpressivity
infeliz   miserable
infierno   hell
inflar   to inflate
informar   to inform
infortunio   misfortune
infructuosamente   unsuccessfully
infundir   to instill
ingenioso   witty
inglés   English
inhalar   to inhale
iniciación (f.)   coming of age
inicial   initial
iniciar   to initiate, to begin
injuria   insult
inmediato   immediate
   de inmediato   at once
inmenso   huge
inmigración (f.)   immigration
inmóvil   motionless, still
inmovilidad (f.)   immobility
inmutable   immutable
inquietarse   to get uneasy
inquieto   restless
inquietud (f.)   anxiety, uneasiness
insano   insane, crazy
inscribirse   to enter, to register
insignificante   insignificant
insistir (en)   to insist (upon)
insolente   insolent
insomnio   insomnia
insoportable   unbearable

inspeccionar   to inspect
instalar   to install
instante (m.)   instant
insuflar   to insufflate
insulto   insult
intacto   intact
intensificarse   to intensify
intentar   to try
interés (m.)   interest
interesar   to interest
interior   inside, inner part, interior
intermediario   intermediary
internarse   to penetrate
interrogatorio   interrogation
intervenir   (like venir) to intervene, to intercede
intestino   intestine
intimidad (f.)   privacy
introducir(se)   to get into
inútil   useless
inutilizado   unusable
inversa: a la inversa   the other way around
invertir (ie)   to reverse
investigación (f.)   investigation, research
invierno   winter
invitar   to invite
inyección (f.)   shot
ir   to go
ironía   irony
irónico   ironic
irritar   to irritate
irrompible   unbreakable
irse   (like ir) to go away
izquierdo   left
   a su izquierda   to his/her/your/their left-hand
      side

jabón (m.)   soap
jactarse (de)   to brag, to boast (about)
jale (m.)   work (Mex. slang)
jamás   never
jardín (m.)   garden
jardincito (jardín)   small garden
jefe (m./f.)   boss
jerga   slang
joven   young
juego   game
juez (m./f.)   judge

juguete (*m.*)   toy
juicio   judgment
junto: junto a   close to, next to
jurar   to swear
justamente   precisely
justo   fair
juventud (*f.*)   youth
juzgado   court, tribunal
juzgar   to judge

kepis (*m.*)   military cap

labio   lip
labor (*f.*)   work, job
labrar   to carve (in stone); to plow
lado   side
  al lado   next door
  al lado de   beside
  por un lado   on the one hand
ladrar   to bark
ladrón (*m.*)   thief
lago   lake
lágrima   tear
lamentable   deplorable, pitiful
lamento   lamentation
lancha   boat
lanzar   to throw; to fire
  lanzar un suspiro   to heave a sigh
lápida   tombstone
largamente   at length
largo   long (*adj.*); length (*n.*)
lástima   sympathy, pity
latigazos: a latigazos   using a whip
lavaplatos (*n.m.*)   person who does the dishes
lavar   to wash
leche (*f.*)   milk
leer   to read
lejos   far
lengua   language; tongue
lentitud (*f.*)   slowness
lento   slow
  a paso lento   at a walking pace, slowly
leña   firewood
letra   letter
  con todas las letras   in full
levantar   to raise
  levantarse   to get up

ley (*f.*)   law
liar: liar un cigarrillo   to roll a cigarette
liberador   liberating
libertad (*f.*)   freedom
librarse   to free oneself
libre   free
licenciado   graduated
ligero   light, slight (*adj.*); quickly (*adv.*)
limitar   to limit
limpiar   to clean
límpido   limpid
limpieza   cleanliness
limpio   clean
lindo   pretty
lingüística: lingüística románica   romance
    linguistics
liquidar   to kill
liso   smooth
lisito (liso)   very smooth
listo   ready
liviano   light
lívido   livid
llama   flame
llamita (llama)   little flame
llamado   called
llamar   to call
  llamarse   to be called, to be named
llamativo   flashy
llegada   arrival
llegar   to arrive
llenar   to fill up; to fill out
  llenarse de   to become filled with
lleno   full, filled
  dar de lleno   to hit right
llevar   to take
  llevar el segundo lugar   to rank second in a
    class
  llevar (+ tiempo)   to have been for (+ time)
llorar   to cry
llorido   cry
llover   to rain
lóbulo   lobe
loco   crazy
locura   madness
lograr   to achieve, to manage, to succeed
losa   stone slab
lotería   lottery

sacarse la lotería   to win the lottery
lúcido   lucid
lucir (luzco)   to shine
luego   afterwards
lugar (*m.*)   place
lumbre (*f.*)   fire
luna   moon
luz (*f.*)   light

madre   mother
 mentar la madre   to insult someone by
  referring to his or her mother
madrugada   dawn, early morning
madurar   to mature
magia   magic
magistrado   magistrate
magnetofónica: recopilación
  magnetofónica   tape recording
magnificencia   splendor
mal (*n. m.*)   disease
maldición (*f.*)   curse
 echar maldiciones   to curse, to swear
maldito   damn
maletín (*m.*)   briefcase
malo   bad
mamá   mom
mancha   stain
manchar   to stain
mandar   to order; to send
mandíbula   jaw
manejar   to drive; to handle
manera   way, manner
 a manera de   by way of
 de otra manera   otherwise
manía   idiosyncracy
manifestación (*f.*)   manifestation
mano (*f.*)   hand
 de la mano   by the hand
mantener   (like **tener**) to keep
 mantenerse   to stand firm; to remain
manzana   apple; Adam's apple
mañana   tomorrow (*adv.*); morning (*n.*)
maquillar   to put on makeup
máquina   machine
maquinalmente   mechanically
mar (*m./f.*)   sea
maravilla   wonder, marvel

maravilloso   wonderful, marvelous
marca   imprint
marcar   to mark, to point to
marcha   march
 en marcha   underway
marchar(se) (de)   to go away, to leave
margarita   daisy
margen (*m./f.*)   margin
 al margen de   without her or his knowledge
marido   husband
mariposa   butterfly
martillazo   blow with a hammer
mas   but
más   more
 más allá   beyond
masa: en masa   en masse
máscara   mask
matar   to kill
maternidad (*f.*)   motherhood
materno   maternal
matorral (*m.*)   thicket
matrimonio   marriage; married couple
mayor   older; greatest
mecánico (*adj.*)   mechanical
mechero   burner
mecherito (mechero)   small burner
medias: a medias   half each
médico   physician
medio   half (*adj.*); mean, middle (*n.*)
mediodía (*m.*)   south; noon
medroso   fearful
mejilla   cheek
mejillón (*m.*)   mussel
mejor   better, best
melancólico   melancholic, gloomy
melodía   melody
mencionar   to mention
mendigo   beggar
menor   younger; minor
menos   less
 al menos   at least
 por lo menos   at least
menospreciar   to despise, look down on
mentar: mentar la madre   to insult someone by
  referring to his or her mother
mente (*f.*)   mind
mentira   lie

mentón (*m.*)   chin
menudear   to happen frequently
menudo   tiny
  a menudo   often
merecer (merezco)   to deserve
merodear   to roam
mes (*m.*)   month
mesa   table
  mesita (mesa) ratona   small round table under
    which a brazier is placed
metálico   metallic
meter   to put inside
  meterse   to get; to go inside
método   method
metro   meter
mezclar   to mix
miedo   fear
  tener miedo   to be afraid
miembro   member
mientras   while
mil   a thousand
milagro   miracle
milagroso   miraculous
milésimo   thousandth, millesimal
mínimo   minimum, least
minuciosamente   meticulously
minuto   minute
mirada   look
mirar   to look at
misantropía   misanthropy
misiva   letter
mismo   same; -self
misterio   mystery
misterioso   mysterious
místico   mystical
moderno   modern
modito (modo)   way
modo   way
  de todos modos   anyway
modulación (*f.*)   modulation
mojado   wet
moler (ue)   to grind
molestar   to bother
molestia   discomfort
molesto (*adj.*)   bothersome
momentáneo   momentary
momento   moment

mondo   bare
moneda   coin
mongólico   Mongolian
monjita (monja)   little nun
monótono   monotonous
monstruoso   monstrous
montaña   mountain
montar   to ride
montón (*m.*)   heap
morir (ue)   to die
morosamente   slowly
mosaico   tile
mostrar (ue)   to show; to display
motivo   motive
mover(se) (ue)   to move
movimiento   movement
muchacha   girl
muchachita (muchacha)   little girl
muchacho   boy
mucho   a lot
  por mucho que   no matter how much
mudanza   change
  camión de las mudanzas   moving van
mudar(se)   to move (residence)
mudo   silent, mute
mueble (*m.*)   furniture
muerte (*f.*)   death
muerto (*n.*)   dead person
mugre (*f.*)   filth, grime
mujer   woman; wife
mujercita (mujer)   young woman
multifamiliar (*m.*)   apartment building
mundo   world
  todo el mundo   everybody
muñeca   wrist
murmurar   to whisper
muro   wall
  muro de contención   retaining wall
músculo   muscle
musculoso   muscular
música   music
musitar   to whisper
muslo   thigh
mutilación (*f.*)   mutilation
mutilado   mutilated
mutuo   mutual
muy   very

nacer   to be born
nacimiento   birth
nada   nothing
nadar   to swim
nadie   nobody
nado: a nado   swimming
nariz (*f.*)   nose
narrar   to narrate
natación (*f.*)   swimming
natal   native
naturaleza   nature
naturalmente   naturally
naufragio   shipwreck
navaja   razor, blade
navegar   to sail
necesario   necessary
necesitar   to need
negarse a (ie)   to refuse
negocio   business
negro   black
ni   not even
  ni. . . ni   neither . . . nor
ninguno   nobody, none
niña   girl
niño   boy
niños   children
nitidez (*f.*)   clarity, sharpness
nivel (*m.*)   level
noche (*f.*)   night
  a la noche   at night
  al caer la noche   at nightfall
nombre (*m.*)   name
normalmente   normally
nota   note
notable   remarkable
notar   to notice
notarse   to be noticeable
noticia   news
novedad: sin novedad   nothing new, no change
novela   novel
nube (*f.*)   cloud
nuca   nape (of neck)
nudo   knot
nuevamente   again
nuevo   new
  de nuevo   again
nuevecito (nuevo)   very new

número   number
nunca   never

obedecer (obedezco)   to obey
obediente   obedient
objeto   object; purpose
obra   work
  obra de bien   good deed
  obra de teatro   play
obrera (*adj.*)   working-class
obrero   worker
obstante: no obstante   nevertheless
observar   to notice; to observe
obtener (like tener)   to obtain
obtuso   obtuse
ocasión (f.)   occasion
  en contadas ocasiones   seldom
ocasionar   to cause
ocultar   to hide
ocupar   to take up; to occupy; to sit
ocurrir   to happen
ocurrírsele (algo a alguien)   to come up with an idea
odiar   to hate
odio   hatred
oficiar   to act as
oficio   job
ofrecer (ofrezco)   to offer
oído   inner ear
oír (oigo)   to hear
ojo   eye
  a ojos ciegas   blindly
  no pegar los ojos   to not to be able to sleep
olor (*m.*)   smell
oloroso   fragrant
olvidar   to forget
opaco   gloomy
operación (f.)   surgical operation
operar   to operate; to come about
operarse   to undergo surgery
oportunidad (f.)   opportunity, chance
opresión (f.)   oppression
orden (*f./m.*)   order
ordenado   tidy, orderly
ordenar   to order, to command
oreja   ear
órgano   organ

orgullo   pride
  fincar el orgullo   to take pride
orgulloso   proud
orificio   hole
orilla   shore
  a orillas del río   by the riverside
oro   gold
ortografía   spelling
oscuridad (f.)   darkness
oscuro   dark
otoño   autumn
otorgar   to grant, to give
otras: otras tantas   just as many
otro   other, another

pa (para) (coll.)   for
paciencia   patience
paciente (m./f.)   patient
padre   father
padres (m. p.)   parents
pagar   to pay (for)
país (m.)   country
pájaro   bird
palabra   word
pálido   pale
palma   palm
palmadita (palmada)   tap
palpar   to touch
pan (m.)   bread
panecillo (pan)   bread roll
panorámico   panoramic
pantalla   shield
pantanoso   marshy
pañuelo   handkerchief
papá   dad
papel (m.)   paper; role
par (m.)   pair
para   for; in order to (+ inf.)
  para que   so that
parado: quedarse parado   to stop
paraíso   bird of paradise (flower)
parar   to stop; to drop by
  pararse   to stand up
pardo   brown
parecer (parezco)   to seem
  parecerse a   to resemble
pared (f.)   wall

pareja   married couple
parpadear   to blink
párpado   eyelid
parque (m.)   park
párrafo   paragraph
parroquiano   regular customer
parte (f.)   part
  dar parte   to give notice
  de un tiempo a esta parte   for some time
    now
participante (m./f.)   participant
partida (n.)   departure
partidario   supporter
partir   to break
pasado   last, past; old-fashioned, outdated
pasar   to pass by; to go through; to take place; to
    elapse; to spend time
pasear   to take a walk, to stroll
paso   step
  a paso lento   at a walking pace, slowly
  dar paso a   to open the way to
pasta   paste
pastilla   pill
paterno   paternal
patilla   sideburn
patrulla   squad car
pausa   pause
pauta   rule
paz (f.)   peace
pecho   chest
pedir (i)   to ask (for something), to order
  pedir cuentas   to call someone to account
pegado   close to
pegar: no poder pegar los ojos   to not be able to
    sleep
peinar   to comb
pelea   argument, fight
  pelea de gallos   cockfight
película   movie picture
peligro   danger
peligroso   dangerous
pelo   hair
peluquería   barber shop
pena   sorrow, grief
  pena de muerte   death penalty
pender   to hang
penetrar   to penetrate

pensamiento   thought
pensar (ie)   to think; to plan; to intend
pensativo   pensive, thoughtful
peor   worse, worst
pequeño   small; young
percibir   to perceive
perder (ie)   to lose
pérdida   loss
perdón (m.)   pardon, forgiveness
perdonar   to forgive, to excuse
perfección (f.)   perfection
perfecto   perfect
periódico   newspaper
periodista (f./m.)   journalist
periquear   to chat (slang)
perla   pearl
permanecer (permanezco)   to remain
permitir   to allow
pero   but (conj.); fault (n.)
persecución (f.)   persecution
   perseguir (like seguir)   to chase
persona   person
personaje (m.)   character
personal (m.)   personnel
perspectiva   perspective
pertenecer   to belong
perturbación (f.)   disturbance
pesadilla   nightmare
pesar (m.)   sorrow
   a pesar de   in spite of
pescar   to fish; to catch (fish)
pescuezo   neck
pese a   in spite of
pesebre (m.)   manger
peso   monetary unit (in some Latin American
   countries)
pestañas (f. p.)   eyelashes
pestañear   to blink
piadosamente   devoutly
picana   goad
pico   peak
pie (m.)   foot
   piececito (pie)   little foot
   ponerse de/en pie   to get up; to stand up
piedra   stone
   piedrecilla (piedra)   pebble
piel (f.)   skin

pierna   leg
pillar   to catch
pillo   thief
pinche   damn (Mex. slang)
pintado   painted
pintar   to paint
pintarse   to put on makeup
piojo   louse
pipa   pipe
piscina   swimming pool
piso   floor; apartment (Sp.)
pisotear   to trample on
pistola   pistol, gun
plácidamente   placidly
planchar   to iron
planear   to plan
plano: de plano   absolutely
planta   plant
plantarse   to plant oneself
plata   silver
plátano   banana tree
platillo   saucer
plato   plate
playa   beach
plena: a/en plena   in full
pluma   pen
población (f.)   population
poblar (ue)   to people, to populate, to fill
pobre   poor; unfortunate
pobreza   poverty
pocillo   cup
poco   little, not much; few (adj.)
poder (ue)   to be able; (n. m.) power
podredumbre (f.)   rottenness
podrido: estar podrido de   to be fed up with
poeta (m./f.)   poet
policía (f.)   police force; (m.) police officer
polo   pole
polvo   dust
pollo   chicken
poner (pongo)   to put
   poner en fuga   to put to flight
   ponerse   to get, to become; to put on (clothing)
   ponerse a (+ inf.)   to start to do something
   ponerse de/en pie   to get up; to stand up
poquitín (poco) (m.)   a little bit
por   by; in exchange for; by means of; along

por eso   for that reason
por lo menos   at least
poro   pore
porque   because
portar   to carry
portarse   to behave
posar   to put, to lay
poseer   to have
posibilidad (*f.*)   possibility
posible   possible
posición (*f.*)   position
practicar   to practice
precio   price
precioso   gorgeous; precious, valuable
precisamente   precisely
precisar   to specify
preciso   necessary
preferir (ie)   to prefer
pregunta   question
preguntar   to ask
   preguntarse   to wonder
preliminar   preliminary
premio   prize
prender   to grasp
preocupación (*f.*)   worry, concern
preocuparse por   to worry about
preparar   to prepare
preparativo   preparation
presagio   omen
presentar   to show
   presentarse   to arrive; to appear, to show up
presidencial   presidential
presión (*f.*)   pressure
   a toda presión   at full pressure
preso   prisoner
prestado   on loan
prestar: prestar atención   to pay attention
prestarse   to be suitable
prestigio   prestige
pretextar   to claim
prevalecer (prevalezco)   to prevail
previsto   planned
principal   main
principio: en un principio   at first
prisa   haste, hurry
   de prisa   in a hurry
prisionero   prisoner

privada (*n.*)   dead-end street
privar(se)   to deprive (oneself)
probablemente   probably
probar (ue)   to test
problema (*m.*)   problem
proceder   to come; to go ahead
procedimiento   procedure
procurar   to try
producir (produzco)   to produce, to cause
profecía   prophecy
proferir (ie)   to utter
profesor   professor
profundo   deep
programa (*m.*)   program
progresar   to progress
prohibir   to forbid
prolongado   prolonged
promesa   promise
pronto   ready (*adj.*); soon (*adv.*)
   de pronto   suddenly
propicio   favorable
propietario   owner
propio   own
proponer (like poner)   to propose
proposición (*f.*)   proposition
propósito   purpose
   a propósito   by the way
   a propósito de   because of
propuesta   proposal
proseguir (like seguir)   to go on
protagonista (*m./f.*)   protagonista
protección (*f.*)   protection
proteger (protejo)   to protect
protesta   protest
protuberancia   protuberance
provocar   to cause, to provoke
próximo   next; close to
proyectar   to plan
prueba   proof
psiquiatra (*m./f.*)   psychiatrist
público   audience
púdico   chaste
pudor (*m.*)   modesty
pueblo   town; people
pueblo natal   hometown
puerta   door
   puerta corredera   sliding door

pues   because
puesto   stand; job; place
puestito (puesto)   small stand
pulcritud (*f.*)   neatness
pulgar (*m.*)   thumb
pulir   to polish
pulmón (*m.*)   lung
pulpa   pulp
puñado   handful
punta   tip
punto: a punto de (+ *inf.*)   about to (do something)
   punto de contacto   similarities
   punto de partida   starting point
punzón (*m.*)   pick
puto   son-of-a-bitch (*Mex. slang, vulg.*)

que   that
   lo que   what, whatever
qué   what
   ¿Qué ha sido de. . .?   What has become of . . . ?
   ¿Qué pasa?   What's the matter?
quedar   to remain; to be left
   quedar(le) bien/fenomenal   to look good/great (on)
   quedarse   to remain; to stay
   quedarse a/con   to keep
   quedar(se) ciego   to become blind
   quedarse parado   to stop
   quedarse tirado   to be left lying
quejarse   to complain
quemadura   burn
quemar   to burn
   quemarse las pestañas   to burn the midnight oil
querer (ie)   to want; to love
querido   dear, darling
quien   who, whom
quién   who
quieto   still
quitar   to take away
   quitarse   to take off (clothing)
   quitarse de   to get away
   quitarse la vida   to take one's own life
quizá(s)   perhaps

rabia   anger

raíz (*f.*)   root
ramal (*m.*)   strand
rápido   fast
raro   strange
rascarse   to scratch
rasgo   feature
rato   a while
   ratito (rato)   a little while
rayo   ray
razón (*f.*)   reason
razonable   reasonable
razonamiento   reasoning
real (*m.*)   coin of little value
   realín (real)   coin of little value
realidad (*f.*)   reality
   en realidad   actually
realmente   really
reanudar   to resume
reaparecer (like aparecer)   to reappear
rebanada   slice
rebelde   rebel
rebosante   overflowing
rebotando   bouncing
rebuscar   to search
recámara   bedroom (*Mex.*)
recepción (*f.*)   reception, party
receptor (*m.*)   receiver
recibir   to receive
recién   recently, newly
recipiente   receptacle
reclamar   to demand, to claim
reclutar   to recruit
recobrar   to recover
recoger (like coger)   to clear up
recomendación (*f.*)   recommendation
reconcentrado   introvert
reconocer (like conocer)   to admit; to recognize
reconocimiento   recognition
recopilación (*f.*)   compilation
recordar (ue)   to remember
recorrer   to go through; to run
rectificar   to correct, to rectify, to straighten out
recuerdo   memory, souvenir
recurrir   to appeal
redondo   round
refinadamente   perfectly, absolutely
reflejar   to show

reflejo   reflection
refrotar   to rub
refugiarse   to take refuge
regado   scattered
regar (ie)   to water
regalo   present, gift
registrar   to notice
regresar   to return
reír(se) (i)   to laugh
reja   fence made of rails
rejuvenecer (rejuvenezco)   to rejuvenate
relación (f.)   relationship
reloj (m.)   watch
rellano   landing
remolino   swirl
removido   dug up; turned over
rencor (m.)   resentment
renegrido   blackened
rengo   lame person
repasar   to polish, to strop
repelar   to reply
repente: de repente   suddenly
repetir (i)   to repeat
repleto   crammed full, packed
reponer (like poner)   to reply
   reponerse (like poner)   to recover
reposo   rest
representar: representar un papel   to play a role
reproducir (reproduzco)   to reproduce
repugnante   disgusting, revolting
resentimiento   resentment
reservado   reserved
resignadamente   with resignation
resistir   to resist
resolver (ue)   to decide; to solve
resoplido   snort
respetar   to respect
respetuoso   respectful
respiración (f.)   breathing
respirar   to breathe
responder   to answer, to respond
responsabilidad (f.)   responsibility
responsable   responsible
respuesta   answer
restaurante (m.)   restaurant
restirador (m.)   drawing board
resto   remaining

resucitar   to rise from the dead, to resuscitate
resultado   result, outcome
resultar   to result
retirar   to take away
   retirarse   to draw back; to leave
retroceso   retreat
reunir   to gather together
revelación (f.)   revelation
revelar   to develop (pictures)
reventar (ie)   to burst
revista   magazine
revivir   to revive
revolucionario   revolutionary
revolver   (like volver) to stir
revoque (m.)   plaster
revuelta   uprising
rezar   to pray
ribeteado   trimmed
rico   wealthy
rictus (m.)   grin
riego   irrigation
riesgoso   risky
rifa   raffle
rincón (m.)   corner
río   river
risa   laughter
ritmo   rhythm
rito   rite
robar   to steal
roble (m.)   oak tree
robo   robbery
rodar (ue)   to tumble down
rodear   to surround
rogar (ue)   to beg; to pray
rojo   red
romántico   romantic
romper   to break
roncar   to snore
ronco   hoarse
rondar   to go around
ropa   clothes, clothing
ropero   closet
rosa   pink (adj.)
rosario   rosary
rostro   face
rozar   to rub, to graze lightly against
rubio   blond

rubor (*m.*)   blush
rueda   wheel
ruedita (rueda)   small wheel
ruido   noise
rumbo   direction, course
  por estos rumbos   around here
ruta   route

sábana   sheet
saber (sé)   to know
sabiduría   wisdom
saborear   to savor
sacar   to get out, to take out; to draw (a gun)
  sacar conclusiones   to conclude, to come to a
    conclusion
  sacar del apuro   to get out of trouble
  sacarse la lotería   to win the lottery
sacerdote (*m.*)   priest
sacrificar   to sacrifice
sacrificio   sacrifice
sacrílego   sacrilegious
sagaz   shrewd
sagrado   sacred
sala   living room
salida   exit
  a la salida   coming out
salir   to go out, to leave (a place)
salir en favor de alguien/algo   to intervene
  salir mal   to go wrong
salmodia   psalmody
salón (*m.*)   living room
saltar   to jump
salud (*f.*)   health
saludar   to say hello
saludo   greeting
salvar   to save, to rescue
  salvarse de   to escape
sangre (*f.*)   blood
  de sangre   pure-blooded
santo   saint
sastrería   tailor's shop
satisfacción (*f.*)   satisfaction
satisfacer   (like hacer) to satisfy, to be fulfilling
satisfecho   satisfied
secante (*m.*)   blotter
secar(se)   to dry
secreto   secret

secundario   secondary
sed (*f.*)   thirst
  tener sed   to be thirsty
seda   silk
seguida: en seguida   right away, at once
seguir (i)   to continue; to follow; to go on
según   according to; as
segundo   second
seguro   safe; sure
semana   week
  fin de semana (m.)   weekend
semejante   similar
semidesnudo   half-naked
sencillamente   simply
sensación (*f.*)   sensation, feeling
sentarse (ie)   to sit down
sentido   meaning; sense
sentimiento   feeling
sentir(se) (ie)   to feel; to hear; to regret
seña   signal
  hacer seña   to signal
señal (*f.*)   signal
señalar   to point out
separar   to separate
sepulcro   grave
ser   to be
  ser bueno para   to have a knack for
sereno   serene
serio   serious
serpiente (*f.*)   snake
servicio   service; servants
servir (i)   to serve
seso   brain
si   if
sí   yes; herself/himself/yourself/
    themself/yourselves/themselves
  Eso sí.   Of course
siempre   always
sierra   mountain range
siglo   century
  tardar siglos   to take forever
significado   meaning
siguiente   following
silencio   silence
silencioso   quiet, silent
silla   chair
simbólico   symbolic

simiente (*f.*)   seed
simplemente   simply
simultáneamente   simultaneously
sin   without
   sin embargo   however
   sin novedad   nothing new, no change
sinceramente   sincerely
sincero   sincere
sindicato   labor union
sino   but rather
siquiera   even
   ni siquiera   not even
sitio   place
situación (*f.*)   situation
situar   to locate
soberbia   pride, arrogance
sobrar   to have more than enough; to have left
   over
sobre   over; about; above
sobresaliente   outstanding
sociedad (*f.*)   society
socorro   help
soga   rope
sol (*m.*)   sun
   al sol   in the sun
solamente   only
solas: a solas   alone
soldado   soldier
soledad (*f.*)   solitude, loneliness
solícito   obliging
solidaridad (*f.*)   solidarity
solitario   lonely
solo   alone
solito (solo)   alone
sólo   only
soltar (ue)   to release, to let loose
soltería   celibacy
solterona   old maid
solución (*f.*)   solution
sollozo   sob
sombra   shadow
sombrío   somber
someter   to submit
sonar (ue)   to sound
sonido   sound
sonreír(se)   (like reír) to smile
sonriente   smiling

sonrisa   smile
   esbozar una sonrisa   to give a faint smile
sonrojar   to blush
soñador   dreamer (*n. m.*); given to dreaming
   (*adj.*)
soñar (con) (ue)   to dream (about)
sopetón: de sopetón   suddenly
sorprender   to take by surprise
   sorprenderse   to be surprised
sospecha   suspicion
sospechar   to suspect
sostener   (like tener) to hold
suave   smooth, soft
subir   to climb, to go up; to increase
súbito   sudden
subrayar   to underline
substraerse   (like traer) to evade
subterfugio   subterfuge
suceder   to happen; to succeed (in power)
suceso   event
sucio   dirty
sudar   to sweat
sudor (*m.*)   sweat
sudoroso   sweaty
sueldo   salary
suelo   floor
suelto   loose
sueño   dream
   tener sueño   to be sleepy
suerte (*f.*)   luck
   echar a la suerte   to draw lots
suficiente   enough
sufrir   to suffer
sugerir (ie)   to suggest
suicidarse   to commit suicide
suicidio: suicidio con ayuda médica   assisted
   suicide
sujetar   to secure, to fasten
sujeto   secured
sumergir   to submerge
sumir   to plunge
superficialmente   superficially
superficie (*f.*)   surface
suplicar   to beg, to implore
suponer   (like poner) to suppose
supremo   supreme
surcado   furrowed

surgir (surjo)   to emerge, to come out
suspiro   sigh
   lanzar un suspiro   to heave a sigh
susurro   whisper

tabaco   tobacco
tabique (*m.*)   thin wall, partition
tabla   shelf
tacto   tactfulness
tachón (*m.*)   line used for crossing out
tal   such
tallar   to carve (in wood)
taller (*m.*)   shop
tambalearse   to stagger
también   too, also
tampoco   either/neither
tan   so
tan... como   as ... as
tantas: otras tantas   just as many
  una de tantas   one of many
tantear   to grope
tanto   so much
  Y tanto.   And how!
tapa   lid
tara   defect
tardar (+ tiempo)   to take (+ time)
  tardar siglos   to take forever
tarde   late (*adv.*); afternoon (*n. f.*)
tarea   task
taza   cup
tea   torch
teatro   theater
  hacer teatro   to be melodramatic
  obra de teatro   play
técnica   technique
tela   fabric
teléfono   telephone
televisor (*m.*)   television set
telón (*m.*)   theater curtain
tema   theme, subject
temblar (ie)   to shake
temblor (*m.*)   tremor
tembloroso   shaking
temer   to fear
temor (*m.*)   fear
templado   polished
temporada   period of time

temprano   early
tenaz   tenacious
tenazas   pliers
tender (ie)   to spread out; to lay
  tenderse   to stretch up
tendido   lying down; hung out
tener (tengo)   to have
  tener cuidado   to be careful
  tener en cuenta   to bear in mind
  tener en marcha   to have underway
  tener éxito   to be successful
  tener la culpa   to be guilty, to be responsible
  tener miedo   to be afraid
  tener por   to be considered as
  tener que (+ *inf.*)   to have to (do something)
  tener razón   to be right
tensión (*f.*)   tension, strain
tenso   tense, tight
tentación (*f.*)   temptation
terco   stubborn
terminar   to finish
término   term
ternura   tenderness
terraza   terrace, balcony
  terracita (terraza)   small terrace
territorio   land
tesoro   treasure
testarudo   stubborn
tibio   lukewarm
tiempo   time; weather
  con el tiempo   in time
  de un tiempo a esta parte   for some time now
tienda   store
tierno   soft
tierra   land; soil; earth
tímidamente   timidly, shyly
tina   bathtub (*Mex.*)
tinieblas (*f. p.*)   darkness
tipo: dar el tipo   to be cut out for
tirado   lying down
tirar   to throw away
tiro   shot
tirón (*m.*)   tug
titubear   to hesitate
título   academic degree
tocar   to touch; to play (an instrument)
  tocar(le)   to be the turn of someone

todavía   still
todo   all, everything
  del todo   completely
tomar   to take; to drink
  tomar el sol   to sunbathe
  tomar una decisión   to make a decision
tono   shade
tope (*m.*)   upper part
  trabajar a tope   to work too much
torbellino   whirlwind
tormento   torture
tornar   to go back to
torneado   nicely rounded
torpemente   clumsily
torero   bullfighter
tortura   torture
tos (*f.*)   cough
toser   to cough
tostado   tanned
tostar (ue)   to toast; to roast
trabajar   to work
  trabajar a tope   to work too much
trabajo   job, work
traer (traigo)   to bring
tragar   to swallow
traicionar   to betray
tranquilizador   tranquillizing
tranquilizar   to calm down
tranquilo   calm, quiet, peaceful
transculturación (*f.*)   transculturation
transcurrir   to elapse, to pass
transigir (transijo)   to give in
tras   after
  tras de   behind
trasfondo   background
trasladarse   to move
tratar   to treat
  tratar de   to try to
  tratarse de   to be a matter of
trato   treatment
través: a través de   through
trayecto   route
triángulo   triangle
trigo   wheat
trimestre   quarter
triste   sad
triunfar   to triumph

triunfo   triumph
trocarse (ue)   to turn to
tronco   log
tronchar   to cut short
tropa   troops
trocito (trozo)   little bit
trueno   thunder
tumbarse   to lie down
tumbona   deck chair
túnica   tunic
turno   turn
tuteo   use of the familiar tú form of address

último   last
  lo último   the end
  por último   lastly
umbral (*m.*)   threshold
único   only one
  lo único   the only thing
uniformado   wearing a uniform
universidad (*f.*)   university
universo   universe
uña   fingernail
usar   to use
uso   use; usage
usura   interest, profiteering

vacilar   to hesitate
vacío   empty
vadear   to ford
vado   ford
vagabundo   wanderer
vaho   smell
valer   (like traer, except valgo) to be worth
  valer la pena   to be worthwhile
  no valer de nada   to be useless
valor (*m.*)   value, courage
valorar   to value
valle (*m.*)   valley
vanidad (*f.*)   vanity
vapor (*m.*)   steam
variante (*f.*)   difference
variar   to change
varios   several
vaso   glass
vecindad (*f.*)   neighborhood
vecindario   neighborhood

vecino   neighbor
vejez (f.)   old age
velar   to blur
vena   vein
vencido   defeated
vender   to sell
vengador (m.)   avenger
venganza   vengeance, revenge
venir (vengo) (ie)   to come
venta   sale
ventaja   advantage
ventana   window
   ventanal (ventana) (m.)   large window
   ventanilla (ventana)   teller's window
ver (veo)   to see
verano   summer
veras: de veras   really
verdad (f.)   truth
   de verdad   really
   en verdad   truly
¿verdad?   right?
verdadero   true
verde   green
verdugo   executioner
vergonzante   shameful
vergüenza   shame, embarrassment
vestal (f.)   virgin priestess
vestido   dress
   vestido de novia   wedding gown
vestidor (m.)   dressing room
vestir (i)   to dress; to wear
   vestirse   to get dressed
vez (f.)   time, instance
   a su vez   in her/his/your/their turn
   a veces   sometimes
   de vez en cuando   once in a while
   en vez de   instead of
   otra vez   again
   tal vez   maybe, perhaps
   una vez   once
   una vez más   once again
vía   road
viajar   to travel
viaje (m.)   trip
viajero   traveler

vicio   vice
víctima   victim
vida   life
vidriera   glass window
vidrio   glass
vieja (n.)   old woman
viejo (adj.)   old
viento   wind
vientre (m.)   belly
vigilar   to watch over
vino   wine
viscoso   sticky
visita   visit
vista   sight; view
visto: por lo visto   obviously
víveres (m. p.)   provisions
vivir   to live
vivo   alive
volcar (ue)   to pour out
voluntad (f.)   will
volver (ue)   to return
   volver a   to start to . . . again
   volverse   to become; to turn one's back
voracidad (f.)   voracity
voz (f.)   voice
   en voz alta   aloud
vuelta   walk, stroll; return
   a la vuelta   once back from
   dar vueltas   to go around
   darle la vuelta   to go around
   darle vueltas   to worry about

ya   already
   ya no   no longer
yacer   (like hacer) to be lying down
yema: yema del dedo   fingertip
yerba   grass
   yerba mate   maté, tea (drunk in some
   countries of South America)
yugo   yoke

zanjón (zanja) (m.)   large ditch
zapato   shoe
zarzal (m.)   thicket
zona   zone

Literary Credits

I wish to thank the following authors, publishers, and holders of copyright for their permission to use the stories included in this book.

Enrique Anderson Imbert. «El crimen perfecto», *Narraciones completas.* Buenos Aires: Ediciones Corregidor, 1990, reprinted by permission of the author.

Silvia Molina. «La casa nueva», *Lides de estaño.* México: Universidad Autónoma Metropolitana, 1984, reprinted by permission of the author.

Alvaro Menén Desleal. «Una carta de familia», *Revolución en el país que edificó un castillo de hadas y otros cuentos maravillosos.* San José, Costa Rica: Editorial Universitaria Centroamericana, 1971, reprinted by permission of the publisher.

Luisa Valenzuela. «Los mejor calzados», *Aquí pasan cosas raras.* Buenos Aires: Ediciones de la Flor SRL, 1975, reprinted by permission of the publisher.

José Alcántara Almánzar. «Presagios». *La carne estremecida.* Santo Domingo, República Dominicana: Fundación Cultural Dominicana, 1991, reprinted by permission of the author.

Igor Delgado Senior. «El Aventurero», *Relatos de Tropicalia.* Caracas, Venezuela: Universidad Central de Venezuela, Dirección de Cultura, 1985, reprinted by permission of the author.

Juan O. Díaz Lewis. «Carta a un psiquiatra», *Antología del cuento hispanoamericano,* Ricardo A. Latcham, ed. Santiago, Chile: Empresa Editora Zig-Zag SA, 1962, reprinted by permission of the publisher.

Gastón Suárez. «El forastero y el candelabro de plata», *Los mejores cuentos bolivianos del Siglo XX,* Ricardo Pastor Poppe, ed. La Paz, Bolivia: Editorial Los Amigos del Libro, 1980, reprinted by permission of the publisher and the author's son.

Hernando Téllez. «Espuma y nada más», *Cenizas para el viento y otras historias.* Santiago, Chile: Editorial Universitaria SA, 1969, reprinted by permission of the publisher.

Ana María Matute. «Caminos», *Historias de la Artámila.* Barcelona: Ediciones Destino, s.a., 1975, reprinted by permission of Agencia Literaria Carmen Balcells.

Mario Benedetti. «Los pocillos», *Cuentos.* Madrid: Alianza Editorial, 1982, reprinted by permission of Agencia Literaria Mercedes Casanovas.

Marina Mayoral. «Ensayo de comedia», *Morir en sus brazos y otros cuentos.* Alicante, España: Editorial Aguaclara, 1989, reprinted by permission of Raquel de la Concha Agencia Literaria.

Rosaura Sánchez. «Cartas a Rosa», *Requisa treinta y dos. Bilingual Short Story Collection,* La Jolla, California: Chicano Research Publication, 1979, reprinted by permission of the author.

René Marqués. «Tres hombres junto al río», *En una ciudad llamada San Juan.* 4ª ed. ampliada. Río Piedras, Puerto Rico: Editorial Cultural, 1974, reprinted by permission of Fundación René Marqués, Inc.